❀ 世界科普巨匠经典译丛·第三辑 ❀

航海日记
HANGHAI RIJI
达尔文环球考察日记

（英）达尔文 著　朱敏 译

上海科学普及出版社

图书在版编目（CIP）数据

航海日记：达尔文环球考察日记 /（英）达尔文著；朱敏译. —上海：上海科学普及出版社, 2014.2（2021.11 重印）

（世界科普巨匠经典译丛·第三辑）

ISBN 978-7-5427-5873-6

Ⅰ. ①航… Ⅱ. ①达… ②朱… Ⅲ. ①游记—世界—普及读物 Ⅳ. ① K919-49

中国版本图书馆 CIP 数据核字 (2013) 第 222310 号

责任编辑：李 蕾

世界科普巨匠经典译丛·第三辑

航海日记

达尔文环球考察日记

（英）达尔文 著 朱敏 译

上海科学普及出版社出版发行

（上海中山北路 832 号 邮编 200070）

http://www.pspsh.com

各地新华书店经销　三河市金泰源印务有限公司印刷

开本 787×1092 1/12　印张 14.5　字数 176 000

2014 年 2 月第 1 版　2021 年 11 月第 3 次印刷

ISBN 978-7-5427-5873-6　定价：35.80 元

本书如有缺页、错装或坏损等严重质量问题
请向出版社联系调换

目录 CONTENTS
航海日记

第一章	贝格尔号启航	001
第二章	圣萨尔瓦多之行	007
第三章	里约热内卢之旅	013
第四章	对动物的完美考察	019
第五章	内格罗河中的生物	027
第六章	远古时期的四足兽	033
第七章	沿途中的驿站	039
第八章	探索布宜诺斯艾利斯	047
第九章	潘帕斯短途之旅	055
第十章	游历巴塔哥尼亚	061
第十一章	福克兰群岛海峡	067
第十二章	火地岛部落	073
第十三章	途经麦哲伦海峡	081
第十四章	智利中部的自然风光	089
第十五章	测量智利南部群岛	095
第十六章	瓦尔迪维亚大地震	101
第十七章	翻越安第斯山	107
第十八章	眼中的北智利	113

第十九章	动荡的秘鲁	119
第二十章	抵达加拉帕戈斯群岛	125
第二十一章	停靠在塔希提岛	133
第二十二章	考察新西兰	139
第二十三章	游览澳大利亚风光	147
第二十四章	奇妙的基林岛	153
第二十五章	踏上回乡的旅程	161
第二十六章	旅行总结	167

第一章
贝格尔号启航

> 天空被大加纳利岛蜿蜒起伏的山峰下升起的太阳照亮的时候,映入眼帘的是被天空中一朵朵白云半遮半掩下的特内里菲岛的山腰和它的峰顶。那天是我在本次航海中第一个永生难忘的愉快时光。

1831年12月27日,在英国的达尔文波特港,英国皇家海军贝格尔号军舰在菲兹·罗伊将军的指挥下,扬帆起航。此行的任务就是测量前往巴塔哥尼亚和火地岛的航路情况,完成秘鲁、智利和太平洋中若干群岛的测量任务,以及最后要展开的环绕地球各地的天文钟测量任务。在这之前,这艘配备了十门火炮的双桅横帆船已经执行过两次任务,可是最终都没能抵挡住凶猛的西南风。然而现在,我要在这艘船上经历一次地球航海旅程。

1832年的1月6日,我们到达了特内里菲岛。可是当地的政府担心我们会给他们带来传染病,阻止了我们上岸。次日一大早,天空被大加纳利岛蜿蜒起伏的山峰下升起的太阳照亮的时候,映入眼帘的是天空中一朵朵白云半遮半掩下的特内里菲岛的山腰和它的峰顶。那天是我在本次航海中第一个永生难忘的愉快时光。十天后,我们停在了普拉亚港口,这里是佛德角群岛的主岛圣雅各岛的主港。

普拉亚港有热带地区火辣的太阳,加上上个世纪火山爆发喷出的火焰,这里的大部分地区,都不适合植物的生长。在海上眺望这里,周围一片荒凉的景

椰树和种子

鱼狗，是普通翠鸟的别称，因其常直挺地停息在近水的低枝或岩石上，伺机捕食鱼虾等，因而又有鱼虎、鱼狗之称。

象。台阶式的土地连绵不断，导致这里的地形是整体向上凸起。周围偶尔还散落着一个个小圆锥型的土丘，但是圆锥的顶部已经是平的了。远处的地平线，一道道高高伫立；相互参差交错的山岭，应该是这里的分界线。雾蒙蒙的空气中一眼望去，景色迷人。当一个陌生的人突然由海上来到这里，一生中第一次漫步在椰林时，他一定是心旷而神怡。

这里的植被可能在过去遭到了破坏，是一片不折不扣的贫瘠土地。通常情况下，这个岛屿很难会吸引我们的兴致。可是一个人如果习惯了英国的一草一木，看惯了全部都是庄严肃穆的景象，突然发现，在没有一丝绿意的无限广阔的岩石平原上，竟然会有一群牛和山羊在艰难地生存着，那一定会感觉很有趣。

在这里，每年的大部分时间里几乎都不会下雨，只有一个短暂的降雨期，雨季过后，马上就会有许多的小绿色植物在岩石的缝隙当中渐渐生长。可是好景不长，这些植被随后很快也会枯掉，变成动物们仅有的一点草料。但是现在，这里已整整一年多没下过雨了。

这里刚刚被人们发现的时候，岛上的植被非常旺盛，草木成荫，可是由于极端的人为破坏，这里就变成了不毛之地。就好像是圣海伦纳岛和加纳利群岛的几个小岛一般，宽广而又平缓的河流当中长满了无叶灌木丛。这里的若干河道，每个季节当中只有几天才会幸运地成为少有的有水河道。

稀疏的动物零散地生活在河道中，最常见的就是一种叫鱼狗的鸟类，身上的羽毛十分鲜艳，但是跟欧

洲的鸟类比起来，它没有欧洲鸟类那般美丽。在生存习性和起居方面，鱼狗和欧洲的同类也有很大的区别。它喜欢待在特别干燥的河道中，安静地挂在树枝上，等候时机，好对蚂蚱和蜥蜴以致命一击。

沿着普拉亚港向东有几英里的地方，坐落着一个村镇，名字叫利佩拉·格兰德。一次，我陪同两位将军骑着马来到了这个地方，在到达了一个叫圣马丁的河道后，一条两岸长满了茂盛植被的小河流出现在我们的视线里，这让我们感到异常兴奋。更加让我们惊奇的是，在到达那个镇子之后，我们看到了一个非常大的城堡废墟和一个教堂。这里是岛上曾经的重要城市之一，但是由于后来港口被堵塞，渐渐地衰落了。如今这里看起来非常荒凉凄惨，可就算是这样凄凉，也不能掩饰它美妙如画的风景。

向导带领我们参观了当地的一些建筑，古旧的小教堂里安葬着之前的总督和将军，教堂的墓碑上还刻有 16 世纪的日期，这里很是偏僻，偶尔会有一些带有纹路的装饰品，会让我们一下想起欧洲的家乡。

海参，又名海鼠，是海生的棘皮类动物，通常生活在水温颇低的海底，平时依靠吸食海中的浮游生物维生，遇到危险时会吐出内脏吓阻敌人，以求自保。

在圣地亚哥岛停泊的这段时间里，我研究了几种海生物的习性。一种巨大的海参是这里最常见最普通的生物，它身长 5 英寸，身上有紫色的条纹，全身是一种黯淡模糊的浅黄色，身体的下边缘长着两块宽大的皮，也可能是假的触角在两侧生长，这两块皮呼扇呼扇的，可以把水输送到肺部或者上面的鳃里面。我还发现，这种海参的胃里边还有好像鸟类胃中的沙粒一般的微小石子。

海参经常吃的是质地柔软的一种海藻，在浅水处

变色龙属于爬行纲的一种动物，与蜥蜴同属于蜥蜴亚目。主要分布于非洲东部与马达加斯加

污浊的礁石中间就生长着这种海藻。在遭受惊吓的时候，海参会本能地分泌一种液体，呈紫红色，这种液体可以将周围1英尺的海水全部染红。这个功能可以防止意外的发生。海参的全身还覆盖着一种分泌物，那是一种就像鲣鱼帽一样辛辣的液体，会让所有碰到它身体的侵略者有一种被烧伤的炙热感。

　　章鱼的习性无形中吸引着我，我饶有兴趣地对其观察了几次。即使在缝隙特别狭窄的岩石里，它们也能通过自己长长的触手和吸盘将身体伸进去。一旦这样固定好之后，不用很大的力气就很难将它们拖出来。还有一种情况，章鱼可以通过甩动触手，让身体迅速地向前冲，从起点到终点，排放出一种深栗褐色的墨汁，改变水体的颜色。所以，哪怕是在退潮以后的水潭中，发现这一类的动物陷入其中，捕捉它们也不是一件容易的事。

　　众所周知，变色龙可以改变自身的颜色，事实上，章鱼也具有这种能力。它们可以根据周围的环境改变自身的颜色，就像海水的深浅程度也可以改变海水的颜色一样。章鱼到了深水里会变成淡褐紫色，到达陆地或者潜水的时候，则变成了黄绿色。经过考察，我们不难发现，章鱼身体呈现的淡黄绿色事实上就是淡灰色，而且表层还附着着大量微小的鲜黄色斑点。灰色时浓时淡，斑点又隐现不定。看上去，像有好多不同颜色的云块在章鱼的身体里流动，云块的颜色大致是从风信子的颜色到栗褐色之间。它们身体的任何部分，不管是接触到微弱的电流还是受到针的搔划，颜色就会变成接近黑色，只是后者的黑色程度会淡一些。

章鱼

据说，章鱼身体上流动云块的这种现象，是因为它们身体中包含各种颜色的细小气泡，这些气泡的膨胀动作交替进行，导致颜色变化像脸部一般。

不论是游动状态还是静止状态，章鱼都会露出那非比寻常的变色能力。其中一条章鱼似乎发现了我正在观察它，使劲了浑身解数想要逃脱。令我兴趣大增的是它好像很清楚我在看着它。有时它停在那儿不动，之后会偷偷地向前移动1英寸或者2英寸，好像猫捉老鼠一样；有时身体又变成另外一种颜色；有时则不停向前，快到深水区的时候会向前猛一冲，释放出黑漆漆的墨汁，看上去像烟幕一样，这样便能掩饰它钻进去的洞口。

黑燕鸥，鸟纲，鸥形目，鸥科，体长约25公分，头和下体黑色（冬季下体白色），翅和背灰色。繁殖于欧亚和北美温带而越冬于非洲和南美的热带；因营巢于内陆的淡水沼泽和湖泊周围，故俗称沼泽燕鸥。

有一次，在一个距离水面大约2英尺左右的岩石质的海岸，我低着头观察海生动物。这时，我的身上不止一次被一股不知道从哪来的水流溅到，后来我才知道，其实那些水流是章鱼喷射的。不过这倒是暴露了它的行踪。我觉得，章鱼完全有能力通过控制身体底部的吸水管来确定喷射目标的位置，这更能说明它能喷射水流的说法是正确的。相对而言，这些动物很难把自己的头抬起来，它们到达陆地时，只有选择艰难地爬行。回到船舱，我细细地端详那只被我捉回来的章鱼，即使在黑暗中也能看到它发出的微弱光亮。

1832年2月16日清早，横渡大西洋的航程刚走了一半，我们暂时将船停在了圣保罗岛附近。从这个岩礁组成的岛到达美洲海岸大概还有540英里的距离。岛屿面积并不大，岛上矿物的组成也很复杂。全岛不过四分之三英里的周长，海拔高度也只有 50 英尺。显而易见，它曾经是大洋深处的一小块陆地，升到海面形成了这个小岛。

我认为，珊瑚的骨骼或火山喷发物都是形成小岛的重要物质，这些小岛大都距离大陆较远。而大洋内的火山岛屿其实也是如此。现存的活火山多位于海岸周边，部分岛屿则位于大洋中间。

在这里，我们发现了鲣鸟和白顶黑鸥这两种鸟类，其实鲣鸟属于塘鹅类，而白顶黑燕鸥则属于白顶黑燕鸥类。我们试图去猎杀这些鸟，但后来发现它们对旅行者并没有敌意，也就作罢了。这两种动物有一个共同点，就是性情温和、反应迟缓。

白顶黑燕鸥使用海藻建造简单的鸟巢，这样就不会直接把鸟蛋下在那风吹日晒的岩石上。鸟巢边的小飞鱼就是雄鸟为雌鸟准备的食物。若这个时候惊动了燕鸥，它们惊恐地飞走后，那些长期安居在岩石缝中的巨蟹就会出来趁火打劫，偷走小鱼。严重时鸟巢中的小鸟甚至会被巨蟹趁机偷走并吞食掉。当然，这是曾经来过此地旅行的西蒙兹爵士告诉我的。

热带海洋是各种海藻或者群栖动物赖以生存的地方，哪怕是一块小小的礁石，都会成为大量鱼类的天堂。乘着小船的水手甚至会和鲨鱼去斗争，这都是为了保护自己的猎物。曾经，就有一个地处偏远的礁石，在距离百慕大群岛大概几十英里的海面上，正是由于大量鱼群栖息在附近，所以它才被人们发现。

1832 年 2 月 20 日，我们停靠在费尔南多·迪诺罗亚岛几个小时，并细细地观察了这个岛，发现它形成于火山喷发，因为岛上有一个年代久远的塔状山峰，山峰侧面直垂山脚下，高度大概 1000 英尺左右，看上去异常陡峭。整个岛屿被森林覆盖着，但是岛上的植被并不是那么浓密，也许是由于当地气候干燥所致。在山坡中间，耸立着几根很大的圆柱状的火山岩石，上面生长着好多像月桂树一样的树木。其他植物也很有特色，它们开满了美丽的赤红色花朵，却没有一片叶子。

第二章
圣萨尔瓦多之行

> 让人更意想不到的是，身体庞大而凶猛的鲨鱼居然会被这软弱的小鱼杀死！英国的阿伦博士经常能看到一种现象，在鲨鱼的胃里有膨胀的活刺鲀，有时甚至刺鲀会咬破鲨鱼的胃或者腰部逃生。

1832年2月29日，军舰成功抵达巴西海岸。一直以博物学者自居的我，第一次单独走在巴西的森林里。今天，我过得非常开心，除此之外，我找不到更恰当的词语来表达今天的心情。在巴西森林里，各种奇珍异草、美丽花卉，以及满眼的翠绿叶丛混合构成郁郁葱葱的画面，瞬间，大自然这种生机勃勃的景象所把我吸引住了，令我惊叹不已！各种奇妙的声音在森林里飘荡，唱响着森林的交响乐，即使是远在几百英尺外的海岸，也能陶醉在这美妙的喧嚣中。当我踱步在森林深处，静谧依然是森林的统治者。对于一个热爱自然的博物学家来讲，今天给我带来的这种美妙的体会，恐怕以后再难得到。

我整整在森林中游览了几个小时才返回岸边。天公不作美，当我走到半路的时候突然遇到热带暴风雨，我急忙躲到一棵大树下面避雨，仰望大树，粗壮挺拔，枝繁叶茂，心想：如果是在英国遇到下雨，想必雨水绝对不会落到身上。但是，巴西的暴风雨几分钟内就会像小瀑布一下倾倒而下。看着大雨我想：可能这就是为什么在森林最茂密的地方，下面也能绿草如茵的缘由吧。

大家都知道，巴西不仅地域宽广，还有长达2000英里的海岸线围绕。巴西

刺鲀，为热带海藻和珊瑚礁附近生活的底层鱼类。肉食性，以坚硬的珊瑚、贝类、虾、蟹等为食。游泳能力弱，遇敌时吸进空气或水，使腹部膨胀，皮肤上的刺都竖立起来，用以自卫。

的海岸，大都由花岗岩积压成的岩层组成，许多地质学家一致认为，这些岩层是在高温、高压作用下结晶体化所形成的。看着这些岩层，我不禁联想到大洋底部，然后又了一个大胆的设想：是不是原来也覆盖着这种岩层，后来在海水的作用下消失了呢？是不是存在这种可能呢，我不敢确定。

一天，我们在海岸边抓到了一条刺鲀。刺鲀皮肤松弛，可以把自己的身体膨胀到像球一样。从水里把它捞上来以后，过一会儿再放回去，就会发现它用嘴不断地吸进水和空气。在离开水的过程中，鳃和嘴的用途一样。

刺鲀通常使用两种方法来吸进水和空气：一种是利用露在外面的自身肌肉收缩功能，只要空气被吸进体腔就不会轻易流出。另一种则是用嘴吮吸，像将水吸进身体那样。刺鲀的皮肤伸缩性比较好，和背部相比，腹部尤为突出，因此它身体的上下表面就拥有了更大的扩展空间。

布氏三刺鲀

刺鲀的身体在充分膨胀后会让自己背部朝下浮在水面上，但这样会不会游动呢？有人对此产生质疑。经过观察，此时刺鲀的尾鳍变软，使用困难，而它的胸鳍却可以代替尾鳍完成一切动作，甚至转弯。因此，刺鲀不仅可以向前直行，还可以轻松完成其他方向的急转弯。当我们看到刺鲀的身体上浮的时候，因为它的鳃暴露在水面上，它就用嘴把水吸进去再从鳃孔中流出来。

这种膨胀状态的刺鲀不能持续很长时间，在这之后它就会发挥鳃和嘴的作用，释放掉体内的水和空气。

刺鲀拥有一种能力，它可以随时保持身体的平衡，因为它可以用排出去的水分来控制自身的比重。

刺鲀也有很多自卫的办法，它除了可以死死地咬住其他物体，还能依靠双颚磨动发出一种怪响，或者让水从嘴里喷出一段距离。最不可思议的是，你若用手抓了它一下，它腹部的皮肤中就会有一种呈洋红色的东西分泌出来。而我当时用的一件实验品或许可以证明，这种漂亮的鲜艳的色泽若是把纸张或者象牙染红，颜色就会一直持久保持，因为那件实验品到现在还像当初一样红。只可惜，我对这种东西的性质和功能至今一点都不了解。

让人更意想不到的是，身体庞大而凶猛的鲨鱼居然会被这软弱的小鱼杀死！英国的阿伦博士经常能看到一种现象，在鲨鱼的胃里有膨胀的活刺鲀，有时甚至刺鲀会咬破鲨鱼的胃或者腰部逃生。而博士也将这件事告诉了我。

我曾经在圣萨尔瓦多看见过一种昆虫，名字叫叩头虫。如果刺激它，它还会发出明亮的光，不过它的特点也仅此而已。有一天，我自己闲着没什么事，所以研究了一下叩头虫的跳跃能力，用来打发时间。把叩头虫朝天放着时，它会让自己的头和胸部向后移动，当它准备跳跃的时候也会如此。这样，它的胸部一下子会挺到翅鞘的边缘。叩头虫一直这样后退，胸部就会因为肌肉紧张而像弹簧一样反弯起来。那虫子的身体就被支在了头顶和翅鞘上。若是张力瞬间松散，会让虫子的头部和胸部翘起来。这中间产生的弹力，完全可以让叩头虫跳起的最高点在2英尺左右。而此时，

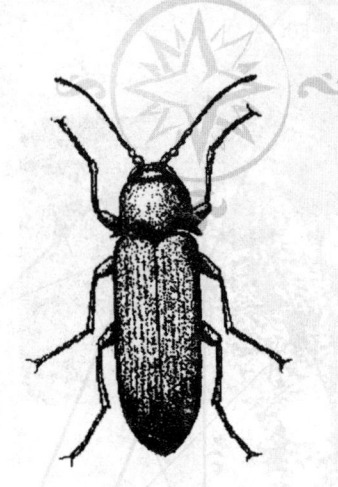

叩头虫，体细长而略扁平，浓栗色，有光泽，密被金黄色短毛。头部扁平，头顶有三角凹洼，具复眼一对。幼虫体细圆而长，略扁，外皮角质，金黄色，两侧多毛。幼虫多栖于地下，啮食作物的种子、根及茎等。

蚂蚁放牧蚜虫

虫子胸部挺起来的那个点，就起到了平衡身体的作用。

据我所知，目前还不曾有人对这种能力进行描述。哪怕是我曾经读过的文章里，叩头虫胸部肌肉弹性的力量也没有人提过。大家通常认为，这种程度的跳跃如果不通过机械装置，单纯地依靠肌肉收缩，是根本做不到的。

一些蚂蚁的习性也是我在圣萨尔瓦多观察到的。一天，我看到好多蜘蛛和蟑螂身后都是黑色的，原来在这些昆虫身后附近的地方，所有的草和树叶都被成群的小蚂蚁遮住了。那些昆虫都匆忙地经过一块空地，躲避到一堵旧墙脚下。然后蚂蚁又以长长的纵向的队形爬上墙。

我在地上放了一小块石头，想阻拦蚂蚁纵队的前行。这支队伍想要前行，原本只要绕过石头就可以了。只是这些小蚂蚁在和昆虫们战斗后，那英勇积极的想法还未消退。结果，那个小石头就成了小战士们的攻击对象。前面一队蚂蚁攻击完后，换成后面一队替补上来继续进攻，直到它们意识到任何的攻击对小石头都没有一点影响，才结束了进攻。

丝藻，藻体为由圆筒状细胞相连而成的单列、不分枝的丝状体。

3月18日那天，我们离开圣萨尔瓦继续前行。过了几天，在快到阿勃罗尔霍斯群岛的海面时，我们看到有一种红褐色的光透出水面。通过使用放大率低的放大镜观察，我们发现似乎有一层细碎的干草覆盖在海水表面。这其实是一种丝藻，末端的形状像锯齿状的微小的圆柱，通常一束或者一小块的数量在20到60个。据说，红海名字的由来也是由于这种海藻覆盖在其海面。

前进过程中，我们经过一些海藻区。这些海藻绵延到 2.5 英里开外，是一种很常见的海藻，除了会出现在澳大利亚附近的海面上，曾经在其他远程航海中也有它的相关记录。

我曾经在印度洋的基林环礁附近，观察到一些由圆柱形的长丝组成的小块丝藻。我用肉眼都辨别不清它们，足可以想象它们细到什么程度。跟它们混合在一起的，还有另外两种体形略微大一些的圆锥形海藻。

我还观察到其他几种关于海水变色的现象。一次是曾经在距离智利海岸几海里的地方，贝格尔号穿过了一大片浑浊的海面。海水的颜色就跟洪水泛滥时一样。另外一次遇到这种现象，地点在瓦尔帕莱索南面离开海岸大约 50 英里的海面上，范围比第一次更大。

我用玻璃杯装了一些海水，海水瞬间就发出了淡红色的光。通过显微镜我们观察到，海水里有大量的微小动物，并且做着向前跳的动作。它们的身体呈卵圆状，中间部分还有一个由纤毛构成的环箍。这个弯曲的环形还能发出闪光。要是你想很仔细地观察它们却难上加难。因为在透过显微镜刚看到它们那一刻，它们便停止前进运动，开始分裂。而且我发现，从停止到分裂大概需要 15 秒的时间。刚开始它们的身体会突然膨胀到正常尺寸大半倍，然后开始从两端一下

贝格尔舰横渡赤道时所举行的祭海神仪式

子裂开，有时也会仅从一端开始。它们身体小，数量多，哪怕我将水滴分离到最小，还是不计其数。

当我们途经这种颜色的海面时，这些小生命就大量地活跃在大海中，数目惊人。因为有了它们，海水显现出像一条河流沿着红土河床流动一样的颜色。从船身的阴影中看到的海水，显现的却是像巧克力一般的深褐色。眺望海面，能够看到清晰的海水分界线，它们的颜色有红色和蓝色两种。

环绕火地岛周边的海中，我注意到在海岸附近的地方有一些红色狭长的海水带。这一带海水的颜色之所以发生变化，是因为有大量的甲壳纲动物蕴藏在海水中，它们看上去就像大对虾一样。这些动物在海里排列整齐，组成一条狭长的水带，仿佛一大队士兵在前进。猎取海豹的猎人还给它们起了另外一个名字"鲸的食物"。我不知道鲸鱼会不会吃它们，但可以确定的是，这些浮游在沿海一带的小生物，是燕鸥和海豹们的主要食物。

我认为，通过上面的介绍有两个需要注意的问题：首先，是什么原因，让这些构成有色水带的各种小生物生活在一起呢？其次，是什么原因，造成这种水带大多呈现狭长的状态呢？水流湍急时，聚集在漩涡处漂浮的泡沫会被拉成长条。类似的情况我们在海中也见到过。这使我不得不产生了一个想法，这些海水中水带的形成也是因为气流或者海流的类似作用。

第三章
里约热内卢之旅

> 南美有一种名字叫魖蝠的吸血蝙蝠,是一种特别有名的吸血蝙蝠。它们之所以令人感到可怕,是因为马的后背经常受到它们的叮咬,被吸了血的部位,受到马鞍的压迫就会引起炎症。

在1832年4月4日和7月5日之间,我们到达了里约热内卢。过了几天,我认识了一个来自英国的人。在弗利奥角的北部他有属于自己的领地,那是距离里约热内卢100多英里外的地方。他正准备回领地的时候,邀请我和他一起去。我欣然接受了。

4月8日那天,我们七个人一起出发。天气的燥热并没有影响到我们有趣的行程。我们途经一片寂静的森林,看见天空中有一些懒洋洋地飞翔的彩色大蝴蝶。终于,在到达普拉亚·格兰德郊外的丘陵地带后,一处美丽如画的风景映入眼帘:色调鲜明的风景里充满着蓝色的光芒,蔚蓝的天空和波涛平静的水湾在媲美。走过了几块耕地,我们踏进了一片雄伟壮丽的森林。

晌午,我们来到了一个叫伊塔卡雅的村庄。村庄坐落在一块平原上,中央有一所房屋,被一些黑人居住的茅屋环绕着。这些茅屋的形状和位置都按规则排列,似乎让我记起了南非某些部族村落。

傍晚后,我们又往前走了几个小时的行程。到最后几英里时,道路崎岖难行。景色在暗淡月光的映衬下越发凄凉。一个有沼泽和潜水湖的无人区,甚至可以

吸血蝙蝠，是蝙蝠科所有种类的吸血蝠的统称。分布在美洲中部和南部，体型小，最大的体重不超过30-40克。头骨和牙齿已高度特化，颊齿在数量和大小上趋于减少（小），是最特化的种类。

听到空中飞翔的鹬的叫声是那么哀怨，偶然间身边还有几只萤火虫飞过。即使远方传来海水阴沉的咆哮声，黑夜依旧那么寂静。

次日，我们赶在太阳升起前从宿营地出发。一块环境颇有情趣的沙土平原，位于大海和内地的咸水湖之间的前方。狭长的平原上，生存着形状奇特的耐旱植物，还有不计其数的像白鹭和灰鹤一样优美的，以鱼类为食的鸟类。几种兰科植物香味扑鼻，十分美丽，就长在一些树木之间。太阳出来后，温度升高，白色沙土反射产生的光和热，更让人觉得无法忍受。中午吃过饭，我们骑马走了大概10个小时，因为天色逐渐暗淡，所以我们决定在英吉诺多休整。

这一天的旅行过后，当地马的那种吃苦耐劳的能力，让我感到非常惊奇。而且，遭到创伤后的恢复能力也比我们英国种的马更强。南美有一种名字叫魑蝠的吸血蝙蝠，是一种特别有名的吸血蝙蝠。它们之所以令人感到可怕，是因为马的后背经常受到它们的叮咬，被吸了血的部位，受到马鞍的压迫就会引起炎症。不过这个问题对本地的马影响不大。

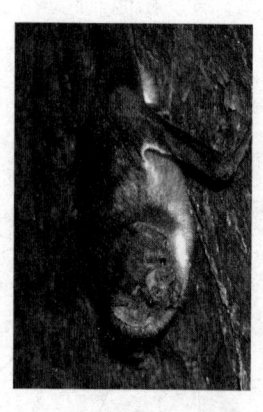

吸血蝙蝠

在智利的科金博附近，我亲眼见到了魑蝠被捉住的情景，仿佛是为了验证我的说法。事情发生在深夜，一匹马突然变得焦躁不安，我的仆人发现后就走过去看到底发生了什么事。走到近前看到，原来马背上趴着一只魑蝠，于是迅速地把它捉住。第二天早上，马背上肿起的部位和渗出的血，让我们准确地找到了马被叮咬的部位。但是到了第三天，我们骑着这匹马出发时，它的身体却没有任何生病的迹象。

4月13日，我们历经三天的旅行后到达了索西果。这里的房屋像一个个谷仓，都建在一个小山丘上，虽然看似简陋，但设计却符合当地的气候。房屋的客厅里摆放着涂着金漆的沙发和椅子，还有那粉白色的墙、芦席做的屋顶甚至没有玻璃的窗户，搭配非常奇妙。黑人在这里还有专设的作坊，是训练他们从事各种手艺生产的地方。这些作坊、房屋和马厩形成了不规则的四边形。作坊中间的空地上，正晾晒着这一带的主要产物，那就是咖啡。

咖啡茎及咖啡豆

站在山丘上俯瞰周边的耕地，有一道围墙环绕在建筑物周围，这道围墙是深绿色的茂密森林。根据估算，这里每株咖啡树的产量每年是 2 磅，有几棵甚至能达到 8 磅左右。木薯也是这里种植的主要作物。木薯的茎和叶子可以喂马，根能磨制成粉浆。这种粉浆经过拧干或烤干，就成了巴西居民最主要的粮食——"法利那"淀粉。所以，这种木薯全身都有用处。不过，这种植物的汁液却毒性非凡，让人惊奇不已。几年前，木薯的汁液就毒死了这里的一头母牛。

马卡埃河边有一个领地，我们是在 4 月 14 日那天到达的。相比这次途经的其他领地，这里开垦得最晚，遍布各种热带地方的产物。巴西的土地面积巨大，跟还处于原始状态的土地相比，这里的耕地数量简直微乎其微。我考虑了一下，这里的土地如果全部开垦，那能满足多少人的生存啊！

要想经过附近的森林，就必须有一个带刀的人来开路，因为这里长着太多的匍行植物。森林里的植物种类繁多、美不胜收，其中有几种蕨类植物尤为突出。

木薯，原产于美洲热带，全世界热带地区广为栽培。其块根可食，可磨木薯粉、做面包、提供木薯淀粉和浆洗用淀粉乃至酒精饮料。木薯可能为墨西哥犹加敦的玛雅人首先栽培。

菜棕，乔木状，单生，高9-18米甚至更高，直径约60厘米，常常被覆交叉状的叶基，浅裂成不规则的间断的裂缝，茎基常被密集的根所包围。喜阳光，多在热带、亚热带气候下种植，但生长缓慢。

它们属木本生，看着虽然不高大，却有鲜绿色的叶子和优美弯曲的叶片做陪衬。这天夜里，一阵瓢泼大雨过后，我留意到森林的地面上产生了浓重的水汽蒸腾，一个大约100英尺高的山丘上笼罩着浓重的白雾。透过河谷和茂密的森林，这种白雾像烟柱般直升到空中。这种情景我看到过好几次，我认为，是下雨前阳光先晒热了巨大的植物叶丛而形成的。

返程途中，我们经过索西果，又待了两天。这里的树木大多数周长虽不足三四英尺，树干却高大耸立。索西果的领王马尼埃尔先生正在建造独木舟，使用的一段树干周长大约为70英尺，而它在被锯下以前，高度却超过了100英尺！棕榈树和其他的普通多枝树木在土地上争先恐后地生长，呈现了这里的热带气象。

菜棕也属于棕榈树的种类，树干较细，双手就能将它握住，可它的树冠却有离地四五十英尺那么高，风吹动树冠显得其形状非常优雅。一些藤本植物挂在许多老树木的树枝上，让它们的样子看上去就像干草捆，非常奇怪。

假如你不看高处的树木，转移视线，就会发现地面上遍布着无数的蕨类植物和含羞草，它们叶子的优美姿态会立刻吸引住你。有些地方的地面上除了覆盖着含羞草，还有一些非常低矮的灌木丛。因为含羞草的叶子非常敏感，稍一触碰会立刻闭合，所以有人穿过这片草丛后，回头顿时就能看到一道宽大的痕迹。我们不禁惊叹这些美丽的景色，虽然可以轻松地描述出来，但内心深处激荡的感觉却无法用言语表达。

一天清晨，森林遇到了一阵暴雨的洗礼，雨滴打在树叶上的沙沙声特别好听。在距离水面 1 英寸高的一片草叶上，坐着一只青蛙，正愉快地叫着，咯咯声传遍四周。如果几只雨蛙在一起，我们就能欣赏到由不同音调演奏出的和谐的交响乐了。曾经，我花了不少力气才捉住一只雨蛙。我观察到，在它四肢的趾端长有一个小吸盘，所以哪怕是在直立的玻璃板上它也能随意爬行。到了晚上，一场盛大的演奏会开始举行，主角是蝉和蟋蟀们，它们洪亮的鸣叫声时常吸引我这个忠实的听众。

在里约热内卢那里，我几乎都在观察少数的无脊椎动物。我对一些不同"目"的昆虫所做的重要观察记录，足以让英国的昆虫学家们兴趣倍增。尤其是那些巨大的颜色鲜艳的鳞翅目动物，跟其他的动物种群相比，它们更能说明自己居住地区的特色。根据这里植物的茂盛程度，飞蛾的种类按理说应该很多，可事实上却不是，相比我们生活的温带地区，这里的飞蛾种类非常少。因此，我谈的鳞翅目不是蛾类，而是蝶类。

凤蝶，是节肢动物门昆虫纲鳞翅目凤蝶科蝶类的总称，一般为大型昆虫。常以黑、黄、白色为基调，饰有红、蓝、绿、黄等色彩的斑纹。许多种类的后翅有修长的尾突。全世界多达 850 余种，而中国约有近百种。

这里所有的蝴蝶中，我最感到惊奇的是衫凤蝶的习性。其实，这种经常在甜橙林里飞来飞去的蝴蝶，并不是什么稀有物种。当衫凤蝶落在树干上时，不像常见的蝴蝶那样合拢翅膀、保持直立，而是头部朝下，翅膀张成平面状。衫凤蝶还有一点让人惊奇，那就是它是蝴蝶中唯一一种能用脚奔走的。我曾经想用镊子捉住衫凤蝶，就在我小心翼翼地走到它旁边准备把镊子夹紧时，它却选择奔跑的方法逃脱了。让人更感到

形形色色的蜘蛛

惊奇的是，这种昆虫还拥有一种发声能力。有几次，两只衫凤蝶互相追逐着从我身边飞过，虽然距离我几码远，可那种嗒嗒声依旧能听得清楚。我相信自己的观察很准确，因为就算是在20码以外的地方也能听到这种声音。

这里的蜘蛛，单从数量来讲，就大大超过了英国的蜘蛛。有一种巨大的蜘蛛最常见，干燥地区数量更多。它通常会把蜘蛛网架设在龙舌兰的大叶子中间。有时，它会连接一些锯齿状的长蛛丝带和相邻的两根射线，接着在邻近蜘蛛网的中间部分，用一对或两对这样的丝带把网绷紧。如此一来，任何一种大型昆虫，例如蚱蜢或者黄蜂，都会落入这个蜘蛛网中，这时，这种蜘蛛就灵活迅速地旋转丝带。同时用丝囊里分泌出来丝线封闭丝织的袋子，困住猎物，就像蚕茧一样。等猎物失去反抗能力后，这只蜘蛛会最后一次检查猎物，接着往猎物的胸口部位咬下致命的一口。剩下的，蜘蛛就只等猎物毒性发作了。过了大约半分钟，我好奇地揭开了这个蜘蛛网，发现蜘蛛的毒性已经起效了，里面的昆虫已经彻底死亡。

这种蜘蛛经常会头朝下趴在蜘蛛网的中间。一旦惊扰到它，它就会根据地形的不同来决定采取的行动。若网下面是绿地，它就用拉出丝囊中的一条蛛丝把自己降落到植物丛里；若网下面是空地，它就会顺着网上的一条中心线跑到另一端去，很少选择直接垂落。假如惊扰连续不停，它就会站在网中间拉动整个网，使整个网急速振动，那么它的身体看起来就十分模糊了。

第四章
对动物的完美考察

> 我在距离水豚只有一臂远的地方停了下来。在我们互相观察了几分钟之后，它们哼哼地叫着，匆忙慌乱地蹿到了水中。在水里游了一小段之后，它们又把头稍微露出一点，身体浮在水面上。

1832年7月5日，我们从里约热内卢的美丽港口出发，向拉普拉塔河方向行驶。路上也没有什么新奇的事物吸引我们。直到有一天，突然遇到了一大群海豚。这群海豚多达几百头，整个海面让它们弄得像一片菜畦。当时军舰的行驶速度是每小时9海里，可这群海豚竟然可以在船头前自在地来回穿行，时不时还向前猛冲。同时，这群海豚陆续地跳出水面，让身体全部展现出来，而后冲破海面进到海里。一天夜里，我们的军舰在达拉普拉塔河的入海口那里时，被大量的海豚和企鹅包围了。它们不断地发出一阵阵奇怪的喧嚣声。负责值班的军官跑来报告，他说似乎听到了岸上的牛群都被吓得哞哞直叫。

海豚

普通鹿

到了 7 月 26 日，我们把军舰停在了蒙得维的亚。接下来的两年时间，贝格尔舰都是在进行一些测量工作，工作的地点就在南美洲最南端的海岸和东面的海岸一带，以及拉普拉塔河的南面。

寂寞、凄凉的小城——马尔多纳多，位于拉普拉塔河北岸的河口附近。这个城市里只有几条街道纵横交叉，不过倒有一个宽阔的广场坐落在十字路口中央。根据这个广场的大小程度完全可以推算出这里的人口应该不会太多。这里的商业贸易状况不是很好，只有少量的牲畜和兽皮在出口。城市中生活的人大部分是拥有土地的地主，还有一小部分是小店主和一些像木匠、铁匠那样的手工艺人。

一座 1 英里宽的沙石小山把马尔多纳多和拉普拉塔河分隔开来。城市的周围是一片绿草丛生的旷野，旷野上的丘陵绵延起伏，很多的马牛羊都在那里吃草。这里的耕地很少，就算是在接近城市的地方，也只是有少量的篱笆，这些用仙人掌和龙舌兰做成的篱笆里面，种植了一些小麦或者玉米。在房屋的周围，找到一棵树都很难，更何况是一块完整的空地。这些都让这个城市变得缺乏愉悦的气氛，风景更是单调乏味。

我在马尔多纳多大约待了 10 个星期的时间。在这期间，我几乎完美地完成了对哺乳动物、鸟类以及爬虫类动物的采集工作。其中包含了很多种四足兽、80 多种鸟和大量的爬行动物，光是蛇类就有 8 种之多。

这里最常见的哺乳动物就是土生土长的野原鹿。这种鹿主要分布在拉普拉塔省附近的各个地区和北巴塔哥尼亚。它们的数量很多，体型大小不一，常以小

雄性原角鹿

群体的形式集合在一起。虽然这些鹿都表现得温顺和好奇，但是假如骑着马靠近它们，就会引起它们的警惕。因为生存在这一带的人是不会步行走路的，所以当你带着投石索骑马的时候，野原鹿就会认定你是它们的敌人。如果你缓缓地匍匐前进，野原鹿就会抱着强烈的好奇心，走过来瞧瞧。我曾经在相同的地方，利用这种方法，成功地猎杀了同一个鹿群的三头鹿。

北巴塔哥尼亚有一个新兴的城市，叫巴伊亚布兰卡，令我感到惊奇的是，这附近的野原鹿根本不惧怕枪声，投石索却能让它们惊恐万分。有一天，我在80码以外的地方射击一头野原鹿，射击了有10次之多，却不见它有一丝惊慌。此时，我发现已经没有弹药了，这让我这个专业的飞鸟猎人无地自容。无奈之下，我站起来，大声地朝那头鹿喊"哈啰"，直到它被我吓得跑掉了才停下来。

这个地方有数不胜数的啮齿类的物种。光是鼠类我就抓到过不止8种。大家都知道，水豚是世界上最大的啮齿类动物，在这个地区很是常见。我曾经在蒙得维的亚打死过一只体重为45千克的水豚。它的身体长度，按照从鼻尖到树桩形的尾部计算，不止3英尺。这些水豚的活动范围，主要是在拉普拉塔河河口处的岛屿四周，因为那里的海水咸度比较重，所以，多数的水豚选择生活在淡水湖泊和河流沿岸一带。

马尔多纳多附近的水豚大多是三四只生活在一起。站在远处看这些水豚，它们的颜色和走路方式都跟猪特别相似。但是当它们蹲坐在后腿，并且眼睛盯着目标的时候，就会表现出跟同类动物豚鼠和家兔相似的

水豚，是世上最大的啮齿动物。它和老鼠的血统极为接近，可是比老鼠要大得多，大约是它的100倍。出产于巴西、巴拉圭、委内瑞拉的河、湖泊、洼地和森林中植物丰盛的池塘、溪流边和沼泽地。

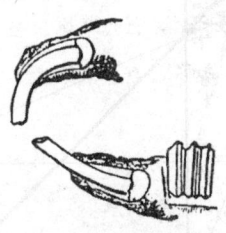

水豚的牙齿

土库土科鼠是一种草原犬鼠，常称作土拨鼠。它是一种小型穴栖性啮齿目动物，原产于北美洲大草原，当地人称之为"草原犬"。

姿态。若是去看它们头部的正面和侧面，就会发现，因为颚部很深的原因，让它们的模样显得有点滑稽。白天这些水豚，有时会在水生植物之间躺卧，有时会去草原上寻觅食物。我认为水豚的性情是非常迟钝的，因为我曾经小心地靠近过4只水豚，当时距离只有3码，它们仍然没有任何反应。是什么造成了它们的迟钝呢？可能是因为几年前它们的天敌美洲虎已经被赶尽杀绝，而水豚这种动物，也不被当地的高乔人重视。

在我们靠近这些水豚时，它们会发出一种奇怪的声音。那是一种没有准确声调的低沉而断续的哼叫声。而我则认为，只能用一头大型犬所发出的那种嘶哑的犬吠声，来形容水豚发出的哼叫。我在距离水豚只有一臂远的地方停了下来．在我们互相观察了几分钟之后，它们哼哼地叫着，匆忙慌乱地蹿到了水中。在水里游了一小段之后，它们又把头稍微露出一点，身体浮在水面上。据说，当水豚妈妈游在水里时，会让小水豚伏在它的背上。我们能轻易地猎杀很多水豚，只是它们的皮毛根本不值钱，肉也没有滋味。可能正因如此，巴拉那河上的岛屿才会水豚繁盛。

土库土科鼠是一种具有鼹鼠习性的奇妙啮齿类动物。马尔多纳多有几个地方，这种动物的数量非常多，但是我们却不容易捉到它们。我甚至觉得，它们根本就不会到地面上来。土库土科鼠也和鼹鼠那样，把那些相对小一点的土堆堆在巢穴的洞口。这里许多地方地下的泥土都被土库土科鼠掏空了，马一旦跑过这里，马蹄就会陷进去。

从某种意义而言，土库土科鼠是过群居生活的。

以前，我让一个人帮忙找这种动物，他很轻松地就捉到了 6 只，而且还跟我说，这是一种很普遍的现象。土库土科鼠的习性，说明了它们是一种经常在夜间出来活动的动物，主要以植物的根茎为食物，因此在它们挖掘的隧道里，经常能发现树根。土库土科鼠名字的来源，应该是摹仿了它的叫声。在地下时，它们好像会从鼻子里哼出一种短促而不刺耳的声音，这种怪声听着就像"土库—土科"，能够快速不断地发出大约 4 次，不过听起来很单调。第一次听到这种声音后，你很难找到声音来源的方位，更不可能知道是哪种动物发出的。所以，凡是第一次听到土库土科鼠叫声的人，肯定会觉得惊奇万分。

鼹鼠，一种哺乳动物。体矮胖，长 10 余厘米，毛黑褐色，嘴尖。前肢发达，脚掌向外翻，有利爪，适于掘土，后肢细小。眼小，隐藏在毛中。白天住在土穴中，夜晚出来捕食昆虫，也吃农作物的根。

马尔多纳多绵延起伏的草原上，生活着许多种繁盛的鸟类。其中最引人注意的就是一种叫做"黑色牛背黄鸟"的鸟。它的习性最为奇特。人们经常能发现几只这种鸟站在牛背或者马背上。黑色牛背黄鸟在篱笆上栖息的时候，经常会在鸣唱的同时还打理自己的羽毛。它们的叫声特别尖锐，就像是水下的小孔里迅速经过气泡的声音。所以，说它们鸣唱，还不如说它们是在嘶叫。这种鸟和杜鹃一样把蛋下到别的鸟窝里，让自己的后代留给别的鸟抚育。有一次，一个帮助我采集标本的助手，非常细心地发现，在一个麻雀的鸟巢中，一个鸟蛋明显比较大一些，颜色和形状也和其他的鸟蛋不一样。

这里还有一种叫声非常好听的模仿鸟，当地的人管它们叫"卡朗德利阿鸟"。我认为，南美洲唯一一种从出生就会鸣唱的鸟类，应该就是模仿鸟。它们的

牛背黄鸟即牛背鹭，别名黄头鹭、畜鹭、放牛郎等。以昆虫为主食的鹭类，常与家畜，尤其是水牛形成了依附关系，在湿地中较干的地方出现，往往跟水牛在一起。

卡拉鹰，产于拉丁美洲，体型比隼略大，腿长而擅于奔跑，以腐肉为食，常与美洲鹫争食，有时候也自己捕食猎物并袭击其他鸟类的巢穴。

卡拉鹰的头部

歌声跟苇滨雀的相比，洪亮程度更胜一筹。生活在马尔多纳多的模仿鸟，团结勇敢，它们能大胆地飞到农舍，吃光农民挂在墙上或者木杆子上的庄稼。其他种类的鸟要是想这个时候参与盛宴，是绝对不被允许的，模仿鸟会把它们全部赶走。

有一种食尸鹰类的鸟叫卡拉鹰，当地的人却称它们为"卡朗察鹰"。这种鹰在南美洲最常见，除了在拉普拉塔省的草原，还有在巴塔哥尼亚贫瘠的平原上，随处都可以看到这种鸟。卡拉鹰在内格罗河和科罗拉河之间的荒漠地带也有很多，它们沿路等待，只要有因疲惫或干渴死亡的动物，就立刻去吃掉。

卡拉鹰据说是一种非常狡猾的鸟，别的鸟蛋经常被它们偷吃掉。这些鸟看似像鹫但其实不是，它们很少亲自去捕捉任何活着的鸟或者兽。到了巴塔哥尼亚荒凉的平原上，凡是曾经在这里睡觉休息过的人，都会很深刻地了解这种鹰的食尸习性。因为在人们睡好了睁开眼时，总会注意到周围的每个小土堆上，都会站着一只卡拉鹰在恶狠狠地盯着他们。每个曾经到过这里旅游的人都不得不承认，这绝对是此地一道独特的风景。卡拉鹰这种鸟类不仅懒惰、迟钝，还非常胆小。它们很少在高空飞翔，因为它们飞行的时候动作沉重而缓慢。卡拉鹰虽然能在陆地上奔跑（并非跳跃），但跟其他同类相比速度较慢。同时，卡拉鹰还有机智的一面：它会像扯断胶带那样杀死羊羔；有时还会五六只一起合作，去攻击类似苍鹭一样的大鸟。

齐孟哥鹰是一种比卡拉鹰个头还小的杂食性鸟类。它们虽然本质上属于食尸鹰，但是食物范围却很广泛，

奇洛埃岛是智利中南部奇洛埃群岛中最大岛屿。据考证，该岛为马铃薯的主要原产地之一。

连面包也不会放过。我认为，奇洛埃岛上的马铃薯产量，所以会大幅度地减少，就是因为刚种下去的马铃薯的根茎被齐孟哥鹰吃了。所有食尸体肉的鸟里面，它总是等到最后才离开兽类的尸骨。在死去的牛或马的肋骨架中，我们经常能看到像笼中鸟一样的齐孟哥鹰。

里约热内卢著名的耶稣基督像

第五章
内格罗河中的生物

> 刺鼠的身体要大过野兔一倍，体重是十几千克，后脚上只长了三个趾。这里有一种景色经常能被看到：刺鼠接二连三地快速跳着，顺着直线穿越那荒凉的平原。在荒漠里，刺鼠是一种真正生活在此的动物，它们的踪迹遍布这里向北到塔巴尔根山脉之间的地区。

1833 年 7 月 24 日开始，贝格尔军舰从马尔多纳多起航。用了 10 天的时间，终于在 8 月 3 日那天，到达了内格罗河河口以外的区域。从麦哲伦海峡到拉普拉塔河之间漫长的海岸线上，内格罗河是最大的河流，入海口就在距离拉普拉塔河河口南部大约 300 英里的地方。这里有一个旧西班牙政府统治时期建立的小块殖民地，已经大约有 50 年的历史了。如今，这个殖民地成为南美洲东岸仍有文明人居住的最南部的地区。

内格罗河河口一带总是透着一种荒凉。那开阔的平原的地面上，覆盖着一层厚厚的砾石，遥远又宽广。这里只有少许的淡水，就算是能找到一点，里面也含有一定的盐分。这里的灌木种类很多，上面荆棘密布，似乎是在警示那些陌生人，这里是一个不好客的地方。

在内格罗河上游 18 英里的地方，能看到我们刚提到的那块殖民地。河流流经的大河谷北岸的界线是一道倾斜的悬崖，悬崖脚下就是道路。这里的河流水深且速度湍急，宽度大约有接近 300 码，河中的许多岛屿上长满了柳树。市镇一般都建筑在接近河的悬崖上，有的甚至是挖掘砂岩建成的。这里的居民有很

印第安人，是对除因纽特人外的所有美洲原住民的总称。美洲土著居民中的绝大多数为印第安人，分布于南北美洲各国，传统将其划归蒙古人种美洲支系。

印第安人祭祀品

多都是血统纯正的印第安人，人口总数也不过数百人。

有一天，我骑马走到了距离城镇大概15英里外的地方，那里有一个大咸水湖。冬季里，这是一个低浅的咸水湖；到了夏季，就成了一片雪白的盐田。这个咸水湖有2.5英里长，1英里宽，在靠近盐田边缘有4~5英寸厚的盐层，并且越接近湖中心盐层越厚。在这个湖附近，还有一个面积更大的咸水湖。那里哪怕是在冬天，湖底的盐层也能聚集到大约2~3英尺。这里的盐品质非常纯净，都是大的立方块晶体。每年这里盐田的产量都非常大，总重量达到数百吨。这样一块闪闪发光的白色的平坦地面，如果在棕褐色的、荒无人烟的平原中央被发现，无疑是十分奇特的景色。到了盐田收获的季节，当地居民几乎全部迁移到河边居住，用牛车来运输盐。运盐的时节一到，食盐就被成堆地放在那儿等待运输出境。这就是巴塔哥尼亚一带的收获季，判断当地市镇的盛衰，往往以此为根据。

从内格罗河往北，西班牙人有一小块殖民地位于这条河和布宜诺斯艾利斯附近的居民区之间，也是最近建立在布兰卡港的。从这里距离布宜诺斯艾利斯大约有500英里。因为贝格尔号预定要驶往的目的地当中就包含布兰卡港，所以我决定从陆地去那里。最后，我干脆扩大我的计划，决定沿途的每个驿站都不落下，最终到达布宜诺斯艾利斯。我们同行7个人，从8月11日开始旅行。路上我们前进的速度比较缓慢，所以用了两天多的时间才抵达科罗拉多河。去科罗拉多河的沿途好像"荒漠"一样。路上淡水很少，并且夹杂着咸味儿，我们在路上的两口小井里找到了一些淡水。

其实按季节来讲，这个时间还处在雨季。

在我们路过第一处泉水后不长时间，发现了一棵很有名的树。这种树木被印第安人称为"华列奇神坛"。这种树木在平原的高处生长着，在很远的地方就可以看见，所以成为路标。它的树干很短，并且有很多旁枝，离树根近的树干直径有 3 英尺。树干周围没有其他树木长在一起，显得很挺拔。当地印第安人走近树木的时候，会高声呼叫着向它行拜。这是我们路上碰见的第一棵树。尽管后面我们还见到和这种树同类的树种，但是这棵树与其他树种很不一样。每年冬季树叶开始掉落的时候，这种树的树叶会掉光并且树枝上系着很多细绳，绳子上吊着面包、肉类、布和雪茄等各种祭祀的物品。当地的印第安人生活贫困，根本没有资本随身携带好的祭物，只能把祭物用几根细线简单地绑在树上，细线也是从自己的土布外套上扯下来的。但是有钱的印第安人会遵循祭祀习惯，他们找一个树洞把白酒和"马太茶"（一种以冬青叶子为原料的饮料—编者注）往里面倒，再点起火，让烟往天空上冲。他们觉得，只有这样，华列奇神得到的满足才能最大。除了这些，马也是他们的祭物，所以在这棵树的周围到处都是被宰杀的马的骸骨。印第安人不分男女老幼都会献出自己的祭品。他们认为只有这样才能让神灵保佑马匹不会劳累，他们自己也会一切顺利。

次日，我们又路过了一些荒凉的地方，跟之前一天的情景差不多。这里栖息的鸟兽数量并不多。有时候我们还能碰见一头鹿或者一只羊驼（就是野生美洲驼）。我们经常能遇到一种类似英国野兔的四足兽，

美洲原住民画像

刺鼠，身长15—20厘米，尾长约18—23厘米，体色背面为黄褐色，间杂有刚毛（或称刺毛），腹部为白色且柔细的短毛，背腹间界线分明，尾部比身体长，且上部为灰黑色，下部白色，与体色相同。

那就是刺鼠。刺鼠在有些方面和野兔是不一样的。比如，刺鼠的身体要大过野兔一倍，体重是十几千克，后脚上只长了三个趾。这里有一种景色经常能看到：刺鼠接二连三地快速跳着，顺着直线穿越那荒凉的平原。在荒漠里，刺鼠是一种真正生活在此的动物，它们的踪迹遍布这里向北到塔巴尔根山脉之间的地区。

在我们接近科罗拉多河的一个清晨，沿途的景色很快就变得不同了。我们站在一片绿色的草原上，通过上面的花朵、高大的车轴草、猫头鹰和枭来看，这似乎是潘帕斯草原。科罗拉多河的河面通常宽度是大约120码，可是我们渡河的那个地方，河面只有60码。沿着弯曲的科罗拉多河行驶，到达入海口还需要25英里的行程，河的两岸长满了柳树和芦苇丛。

我们在科罗拉多河边住了两天，四周都是沼泽地，弄得我们无所事事。8月16日那天，我们在早上开始出发去布兰卡港，到了那里的时候已经过去了两天。

刺鼠的骨骼

骑行了大约25英里后，我们到达了一个宽阔的沙丘地带。这里的沙丘呈东西方向，一直延伸到很远的地方。这个干燥的沙丘事实上是一个无价宝地。因为这个沙丘的下面是黏土层，所以能把雨水积蓄成一个小池塘进而供应淡水。内格罗河到科罗拉多河之间漫长的道路上，由于平原的地形稍微起伏不平，从而产生了两个仅有的泉眼。要是这一点微微的起伏都没有的话，估计这一路上都不会找到一滴水了。很久以前，这个大约8英里宽的沙丘应该是科罗拉多河河口的边岸。因此，这让我更加相信沙丘形成的原因是陆地上升。

走过了这片沙丘，我们到了一个驿站，因为已经是晚上，我们决定就在此过夜。

这一带最显著的地貌就是一条大约200英尺高的山岭。而驿站就在这条山岭的下面，负责管辖的人是一位出生在非洲的黑人。这里的房间是科罗拉多河和布宜诺斯艾利斯之间最干净整齐的。有一个房间是这个中尉专设给旅客居住的。除此之外，还有一个全部用木杆和芦苇建成的小马栏。房屋的周围还有一道用来防御敌人进攻的壕沟。

直到到了布兰卡港，我才发现，这里根本就不够资格被称为"港"。这里有几栋房屋和军队驻扎的营地，还包围着深深的壕沟和防御城墙。这个殖民地刚建立不久（建于1828年），当初布宜诺斯艾利斯政府使用暴力占领了这里，导致它的发展有太多的阻力，前景不佳。

此地到贝格尔号将要停泊的港口，大约还有25英里的距离。当地的指挥官指派给我一名向导和几匹马，以便在贝格尔号到达以后，把我送达军舰将要停泊的地方。我们离开此地后不久，一片宽阔平坦的荒野映入我们的眼帘。走近后发现，这里的地面有时全是沙土和盐滩，有时是一片片的淤泥。这片荒原上，除了有一些低矮的灌木丛，剩下的也只有能在富盐土壤中生存的植物了。不禁让我惊奇的是，这里的环境虽然非常恶劣，却还有很多的鸵鸟、鹿、刺鼠和犰狳在这里生存。

向导告诉我，就在两个月以前，有一件九死一生的事情发生在他身上。当时，他和其他两个同伴正在外面打猎，一队印第安人突然在这儿附近的地方袭击了他们。这群人杀死了他的两个朋友，还使他身上两处重伤。他骑的马被投球用的绳索缠住后，他迅速跳下马，把绳索用刀割断，放开马脚。他再次跳上马后，用了这一生最快的速度逃跑，才没有被对方的长矛刺伤。这群印第安人一直追到要塞附近才罢休。因此，沿路上一旦有野鹿受到惊吓跑过来，向导都会特别紧张，他注视着看是不是印第安人追来了。

由于贝格尔号还没有到达，我们只能照原路返回。但是马实在太累了，我们只能在平原上住一晚。清晨，我们抓了一只犰狳，带着甲把它烤熟，吃起来味道十分鲜美可口，但是我们俩实在是太饿了，这样就显得食物太少。由于马匹太长时间没有喝到水，看起来十分疲惫，我们不得不步行前进。大约晌午的时候，我们的猎狗逮到一只体格不是很大的山羊。我们吃了一些烤熟的羊肉。我们赶路的大部分时间天气都十分炎热，有20多个小时找不到水源。我们的向导一点也不烦恼。由于缺水，我们感觉身体很虚弱。这种情况下，我真的想象不到人们怎么能维持两三天的生活。

过了两天，我们骑着马返回港口。这一回，我们航行到一个名叫阿尔塔角的海岬，中途没有任何波折。在这里，可以完整地看到布兰卡的大港口。来的时候，我们遇见两只个头很大并且比较粗壮美洲臭鼬。大白天它们竟然敢在平原上走动，估计是觉得自己有特殊的功能，所以不怕狗和猎人。原因是如果你让猎狗去捕捉臭鼬，它们就会喷出一些臭液，让猎犬精神萎靡，并且流着鼻涕。任何东西只要沾上臭液，将会永远无法使用。这种臭液的味道穿透力很强，在很远的地方都能闻得到。所以，任何动物都会远远地避开臭鼬。

臭鼬，是臭鼬科最著名的一种动物。体毛为黑色，身体两边则为白色条纹。其身体大小与家猫相仿，尾巴呈现丛毛状，主要以啮齿类动物为食，广泛分布在北美洲墨西哥以北的广大地区。

第六章
远古时期的四足兽

> 一个海滩上能有这么多的动物遗骸被集体发现，证明了这里曾经居住过种类繁多的古代动物。我们还在这里找到了23个贝类物种，其中包含现存的物种13个，还有4个物种类型跟现存的特别接近，剩下的几个物种到底是不是灭绝了还真不知道。

8月24日那天，我们终于航行到布兰卡港。7天后，又驶向普拉塔河。在征得舰长费兹·罗伊的同意后，我继续待在这里，准备从陆地赶往布宜诺斯艾里斯。贝格尔号停在这儿的时候进行了一些港口测量的工作，我又对测量工作进行了一些补充观察。

离海岸几英里处，有一块由淡红色黏土和泥灰岩构成的平原，这里的泥灰岩富含钙质。在陆地上升的时候，海水带来的淤泥、沙土和石块会形成平原，靠近海岸的一些平原就是这样形成的。我们确定这里发生过大陆升移，因为在高地发现，有带贝壳的软体动物和化石堆积的岩层，还有从浮石和圆砾石的分布可以看出。我们看见，在阿尔塔角，有一个近期形成的小平原断层面。最让我产生兴趣的是，断层里面埋藏着很多奇特的巨大的陆地动物的遗骨。在这里，我想对它们做一个简单的解说。

我们在一个大约有200平方码那么大的海滩上，发掘了9种巨大的四足兽的遗骸和许多分散开的骨块。第一种是身体特别巨大的大懒兽；第二种是类似大懒兽的巨树兽；第三种是大小和犀牛差不多的臀兽，它完整的骨骼几乎被我全部找到了；第四种是体型较小的磨齿兽，它跟上面提到的动物还有密切的亲缘关系；第五种贫齿目四足兽的体型也很巨大；第六种动物有着跟犰狳背甲很相似的骨质外壳；第七种动物是马，不过这种马已经灭绝了；第八种动物属于厚皮类（这种分类方法是当时达尔文针对哺乳类动物使用的，现代分类学不这样用，达尔文提到的厚皮类动物里面，包含现代分类学中的象科、犀科、河马科和猪科——编者注），可能是马克鲁鲁，它的长颈部和骆驼一样；第九种是跟以往动物相比最奇怪的一种，那就是箭齿兽。它的体形和大象或者大懒兽一样大。可欧文教授却说，它的牙齿明显证明了它是啮齿目动物的近亲。大家都知道，啮齿目是一个囊括现代大多数最小的四足兽的目。与此同时，就其很多特征而言，它似乎有点像厚皮类动物；但它眼睛、鼻孔和耳朵所长的位置，又有点像海牛、儒艮（美人鱼）等一类的水生动物。这些动物特征在现代都是区分得相当清楚的，现在居然混合在箭齿兽的身上，这事情多么令人奇怪！

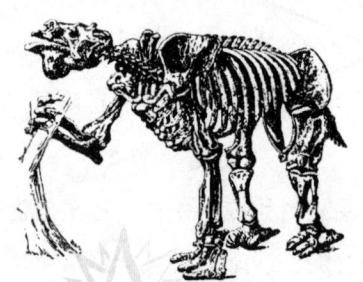

大懒兽骨骼

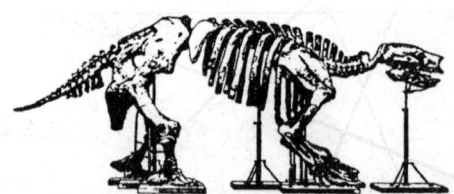

臀兽骨骼

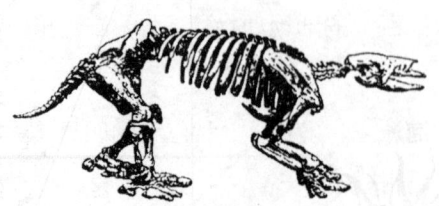

磨齿兽骨骼

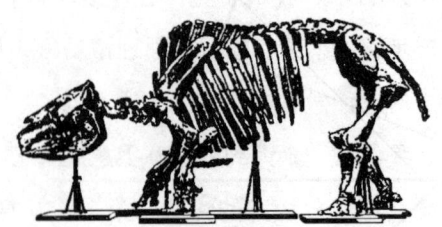

箭齿兽骨骼

有一种情形非常值得我们注意，一个海滩上能有这么多的动物遗骸被同时发现，证明了这里曾经居住过种类繁多的古代动物。我们在这里还找到了 23 个贝类物种，其中包含现存的物种 13 个，还有 4 个物种类型跟现存的特别接近，剩下的几个物种到底是不是灭绝了还真不知道。

我在一个红土悬岩里发现了几块兽骨的碎片，这里距离阿尔塔角大约有 30 英里。观察其中一种啮齿目动物牙齿的大小和形状，似乎跟之前说过的水豚很像，于是我判断这也应该是一种水生动物。这些动物的遗骸都埋在砾石层和淡红色的淤泥里的主要原因，是因为这里海岸的表面受到了海水的冲刷。在地下发现的臀兽骨块以及膝盖骨被埋藏的时候还保持着原来的位置。那些和大犰狳很相像的动物身上的骨质甲壳保存完好，并且还连着一条腿骨。由此我肯定地说，在这些遗骸和贝壳慢慢沉淀到砾石里时，它们还保持着新鲜和完整，韧带一定也还把它们连接在一起。

这些土层的位置比水平面高 20 英尺，里面含有上述古代动物的化石遗骸。这证明，当巨大的四足兽开始在这一带的平原上栖息一直到现在，陆地并没有上升太多的高度，而且当时这一带的地貌肯定也和现在的特别相似。那这时，有一个问题会很自然地提出来：当时的植物界有什么样的特征呢？那时候这个地区是不是也跟现在这样，相当贫瘠呢？我们知道，还有一些贝类也和这些四足兽一起，被埋在同一个土层，和现在生存在海湾里的贝类几乎相同，因此我认为，这里植物的种类、数目，现存的和以前生活在这里的大概一样。用一般理论来讲，由海洋生物特征决定陆上生物特征是不合适的。但是我却不那么认为，就从布兰卡港四周的平原上，曾经生存过许多巨大的四足兽来说，完全可以断定，以前这一带的植被也是相当繁盛的。我认为这些四足兽，应该是依靠内格罗河附近地区生长的那些多刺的树木来维持生活的。

人们曾经在过去的每一种著作中提过一个普遍的假设：繁盛的植物都是被体形巨大的动物食用的。我却会不假思索地说，那根本就是一种不可能的假设。并且，地质学家们受到了这个看似正确的假设的影响，无法对世界古代史中的许多重要问题做出解释。每个来过、并且观察过印度和东印度群岛的人，无不

南美三趾鸵鸟，是南美洲身材高大但却无法飞翔的鸟类。它们类似鸵鸟，但却没有鸵鸟尾部那丰富的羽毛。羽毛为灰褐色，下腹部为白色。成年的南美鸵鸟除了人类以外，没有其他掠食者。

鸵鸟的巢穴

在心里把成群的大象、壮丽的森林和茂盛的植被联想到一起，故而形成了这种看法。但如果我们把目光转移到南部的非洲，会发现，每一本旅行日记中都记录着，那个地区除了具有沙漠特征，还生活着无数体形巨大的动物。低矮的树木和草类成了它们的主要食物，这些植物虽然个头很小，却富含营养物质。准确地说，我们有点过分夸大了对维持大型四足兽生存所需的食物数量的估计。骆驼的体形很大，却生活在沙漠当中，这就是一个简单的事实。所以，如果因为大型四足兽生活在哪里，就给出那里一定生长了繁盛植被的假设根本不可靠。

介绍完了古时候的四足兽，我再说说在北巴塔哥尼亚平原上，生活的几种特别有趣的鸟类。那我就从体形最大的南美鸵鸟开始说起吧。众所周知，鸵鸟主要是吃草和树的根叶。我曾经在布兰卡港看到过很多次，退潮时沙滩逐渐被晒干，有三四只鸵鸟正向那里走去。当地人说，这是它们去找小鱼吃了。鸵鸟的习性是胆小怕人、谨慎小心，喜欢独处，奔跑起来速度也相当快。如果包围它，它就会变得惊慌失措，四处寻找逃跑的路。因此，它们很容易被当地人捉到。鸵鸟喜欢逆着风奔跑，跑的时候还张开翅膀，就像一只船上装满了帆。

有一个晴天，天气炎热，我发现几只鸵鸟隐藏在一片很长的芦苇丛中，我走近那里它们才跑开。鸵鸟喜欢游水这一点很少有人知道。听当地人说，他们不止一次地看见鸵鸟从一个岛游到另外一个岛。它们游泳的时候，前进速度非常慢，身体露出水面部分很少，颈部稍微向前伸。我有两次见到几只鸵鸟游过水流湍急的圣克鲁斯河，这条河宽度大约有400码。

当地人辨认鸵鸟的雌雄很在行，就算距离很远，判断结果也很准确。通常区分的主要方法是，雄鸵鸟的体形和头部相对较大，羽毛的颜色也更深一些。鸵鸟的声音是一种嘶叫，且奇特、低沉。我依然记得是在一个沙丘中，第一次听见这种叫声的，当时我根本不知道这声音的来源在哪里，具体离我有多远，我甚至猜想这是某种野兽的吼叫声。

在北巴塔哥尼亚的内格罗河边小住的时候，我经常能听当地人提到一种很稀有的鸟类。据他们说，这种鸟跟鸵鸟相比体形偏小，外形却和常见的鸵鸟很像。因此，他们给这种鸟取名"小种鸵鸟"。这种鸟两脚偏短，羽毛的颜色比较深暗。小种鸵鸟的蛋呈一种淡青色，跟常见鸵鸟的蛋形状有些不一样，略微显得小一点。当我们逗留在巴塔哥尼亚的希望港的时候，马滕斯先生射杀过一只小种鸵鸟。只是当时我没有记住小种鸵鸟的任何相关信息，并且粗略地观察了一下这只鸵鸟，非常武断地将其判断成一只幼小的普通鸵鸟。等我想到这些知识的时候，我们已经把这只小种鸵鸟煮熟吃掉了。万幸的是，还保留了它的头、颈、双腿和双翼、以及较长的羽毛和一大片皮肤。后来，我们居然用这些东西拼凑成了一个相对完整的标本。这个标本现在就陈列在动物学会的博物馆里面。古尔德先生为了表示对我的敬意，特意在描述这个新物种的时候，用我的名字给它命名为"达尔文南美鸵鸟"。

这里除了有上面讲到的物种，还有犰狳科动物在

犰狳，一种小哺乳动物，与食蚁兽和树懒有近亲关系，用盔甲似的骨质甲来保护自己。大多数种类的犰狳，骨质甲覆盖头部、身体、尾巴和腿外侧。前脚上有有力的爪子，用来挖洞。

犰狳骨骼

这儿生活。一共有小犰狳、软毛犰狳、三绊犰狳这三种犰狳科动物。它们的生活习性大致一样，只是软毛犰狳属于夜行性动物，而其他物种都是白天活动在空旷的平原上。犰狳的主要食物是甲虫、毛虫、草根甚至小蛇。三绊犰狳能通过自身长有的三条使身体弯曲的绊带，让自己的身体蜷曲得像一个圆球。此时，它就能从猎犬的袭击中安全逃脱。因为猎犬不可能把它整个叼在嘴里，所以，它只要发现猎犬想咬它侧面的时候，就趁机滚走。三绊犰狳平滑且坚硬的背甲比刺猬的尖刺更能保护自己。干燥的土壤是小犰狳的最爱，特别是海边的沙丘。小犰狳在没有水的沙丘里能生活好几个月。它经常把自己的身体紧紧地贴在地面上，希望这样敌人就不会注意到它。我在布兰卡港附近骑马的时候，有好几次都遇见了小犰狳，有时一天能碰见好几只。但是，假如你想抓到一只的话，那就必须在发现它的那一刻快速跳下马，要不然它会以最快的速度钻到松软的土壤中，还有可能在你正准备下马的时候，就几乎看不到它的身体了。

  这里的爬行动物种类繁多，却只有一种蜥蜴类动物。最引人注意的就是它那独特的习性。这种蜥蜴经常栖息的地方是海边裸露的沙地，主要是因为它的身体扁平，四肢又短，无法做到迅速奔跑。这种蜥蜴的鳞片呈淡褐色，上面带有白色、黄红色和蓝色的斑点，跟周围的环境融合得非常好，很难区分。它受到惊吓以后，为了避免被人发现，就立刻伸直四肢，缩进身体，紧闭双眼，开始装死。要是接下来还有威胁，松软的沙土立刻就成了它掩埋自己的最佳地点。

蜥蜴

第七章
沿途中的驿站

> 昨晚上这里下了一阵小苹果那么大的冰雹,而且来势非常凶猛,许多野兽都被打死了。我很惊讶也很疑惑,难道像鹿那么强健的野兽也会被打死?要不是我亲眼看到了真相,我还真不敢相信。

我在 9 月 8 日那天雇佣了一个当地的高乔人,主要是让他跟我一起骑马去布宜诺斯艾利斯。从我现在待的布兰卡港到布宜诺斯艾利斯,大约还有 400 英里的距离,一路荒无人烟。我们选择在清晨上路。布兰卡港这片洼地绿草如茵,我们从这里开始出发后沿坡一直向西走,不一会儿就到了一片宽阔而荒凉的平原。构成这片平原的主要是破碎的黏土钙质岩石,但由于气候干燥的原因,这里的土层上没有一点树或者灌木,只有少许干枯的草丛。天气是晴空万里,我却在空气中发现了一些薄雾,我认为这预示着将有大风要来临。可随行的高乔人却说,这种现象是因为远处某个平原上失火导致的。我们一路上策马急行,沿途换了两次驿马才成功到达萨乌西河。萨乌西河的河面只有 25 英尺宽,但是河水很深,水流也很急。在这条小河的两岸建筑着通往布宜诺斯艾利斯大路上的第二个驿站。

据高乔人说,等到了盛夏的季节,萨乌西河和科罗拉多河会一起发生泛滥。我则认为,安第斯山的山麓就是这条河的发源地,而安第斯山的积雪到了夏天开始融化,于是洪水就爆发了。冬季到来的时候,这条小河就会拥有自己的源

泉——文塔纳山脉周围清澈透明的泉水。其实，类似萨乌西河这样的小河，只有在特定的时间里它才能是条真正的河流，也就是说它是一条季节河。

中午过后，我们到了一个驿站并在这里换了新的驿马，还请了一个士兵做向导，跟我们搭伴去文塔纳山脉。经过舰长费兹·罗伊对这条山脉的测算，我们知道它有3340英尺高，而且站在布兰卡港停泊的地方就能望见它。我不知道曾经是不是有外国人登上过这座山，因为单讲它的高度，可以算得上是在南美洲大陆东部非常突出的。就算是在布兰卡港驻守的士兵，对这座山的情况了解的人也很少。起初我听说这里有金矿、银矿和煤矿，后来还听人说这里有森林和洞穴，我对这些传闻充满了好奇。

阿根廷的高乔人，照片拍摄于1868年。高乔人，拉丁美洲民族，主要指南美潘帕斯草原、格兰查科和巴塔哥尼亚高原草原的居民

我们从驿站启程，一路走到主岭的山脚，却没有找到水。我还以为我们要忍着口渴过一晚上，最后我们居然在贴近山边的地方发现了几道泉水。这些泉水露出地面只有几百米长，然后又隐藏到地下了。这座山有着奇特的形状和一成不变的色调，这让人感到十分寂静。在那高耸险峻山岭附近有着凹凸不平的地面，上面散布着巨大而破碎的山石。我认为，这是大自然让我们知道，地质运动早在海底地壳上升变成干燥的陆地之前就已经停止了。

到了第二天上午，我从向导那里得知，到达矗立在山顶上的山峰还有一个办法，就是沿着最近的一条山脊爬上去。有时我们会因为山岩上道路的锯齿状，而花上5分钟的时间爬上一段路，有时又会由于山路的旋转，而不得不再用5分钟的时间转回来。因此，这样崎岖不平的山攀登起来确实是很累的。最后我们终于到了这条山脊。可这里的景色却不像我们想的那样，只有一个垂直向下的山谷在我们前面。山谷让山脉南北两侧的平原变得交通顺畅，谷底也很平坦，可能是一条印第安人通行的马道。

美洲狮，属美洲金猫属，大小和花豹相仿，但外观上没有花纹且头骨较小，为猫亚科中最大者。雄性比雌性大近1倍。栖息于除热带雨林外的各种环境，善于攀爬和跳跃。喜独居。主要以野生动物兔、羊、鹿为食。

总的来看，这次登山探险让我感到非常失望。只看到了一片像海一样的平原，却没有海洋应该有的轮廓和美丽的颜色。当然，这座山也是有一些新奇所在的，比如它的危险性，就像一块被撒了盐的肉，味道多少会有些不同。

9月11日，我们的下一个目的地就是第三个驿站。与我们同行的有一位负责管理这个驿站的中尉。沿途我们经过了一个平原，虽然是干燥的有草的，可惜没有什么吸引人的景色。在路上，我们看到有15个士兵在看守着一大群牛马。不过士兵们告诉我，这些牲畜虽然被守护得很严密，可还是会跑失很多。想把这些牲畜赶过平原，是一件非常困难的事。因为到了晚上，要是它们感觉到有美洲狮或狐狸靠近，马匹就会惊慌地到处乱窜，什么方法都不能阻拦它们。若是碰到了暴雨天气，逃跑的牲畜们就更多了。最近，就有一个军官从布宜诺斯艾利斯出发，由他押送的500匹马，到了军队驻扎地的时候只剩下20匹了。

狐狸

我们在这个驿站一共停留了两天。在我看来，守卫驿站的人生活真的太艰苦了。他们住的小茅屋既不能防风，又不能避雨。都是用蓟茎搭盖起来的。屋顶唯一能做到的，就是在下大雨的时候，让雨滴聚合成更大的雨滴。他们除了依靠自身的能力捉到鸵鸟、鹿

鸵鸟

和犰狳来做食物以外，没有其他任何食物来源。他们仅有的燃料是一种像芦苇一样的矮小植物的茎。能够抽点小纸烟和喝一口马太茶，已经是他们最奢侈的事了。我曾经和他们一起出去打猎，发现这里的平原上有太多的鹧鸪，甚至它们的天敌——狐狸也很多。我们在路上看到了大概五六十只机警的狐狸，它们都站在自己巢穴附近的地方。不过有一只狐狸还是被我们的猎狗咬死了。等我们回到驿站的时候，另外两个独自出去打猎的人也带着猎物回来了，他们猎杀了一只美洲狮，还从一个鸵鸟窝里拿回来27枚鸵鸟蛋。据说，1枚鸵鸟蛋的重量等于11枚鸡蛋，以此换算，我们从这个鸵鸟窝里获取了相当于200多枚鸡蛋的食物。

9月14日那天，我们再次动身。因为下个驿站的士兵想回到原地，所以我们不得不临时5个人组成了一个小组。我们在接下来的几天都忙着赶路。两天后，我们到达了坐落在达塔巴尔根山脚下的第七个驿站。这一带柔软的泥炭土上生长着一些粗硬的牧草，地势也比较平坦。这里的房屋，因为建筑材料全部是由兽皮的革条、捆扎的蓟茎组成，所以相对来说要整洁和结实很多。昨天晚上，我们还没有到这儿的时候，在宿营地那里发现这一带的天空乌云密布，雷电交加。今天，别人告诉我，昨天晚上这里下了一阵小苹果那么大的冰雹，而且来势非常凶猛，许多野兽都被打死了。我很惊讶也很疑惑，难道像鹿那么强健的野兽也会被打死？要不是我亲眼看到了真相，我还真不敢相信。可是，一个士兵已经在冰雹下面看到了13头死鹿，而

鸵鸟蛋

我也真的看到了新鲜的鹿皮。这些人还说，他们还发现了大约15只已经死去的鸵鸟，还有很多类似野鸭、鹰和鹧鸪这样较小的鸟。冰雹还击倒了茅屋周围原有的那道由蓟茎围成的篱笆。我心里清楚，一个人出去打猎，要是没有猎犬，哪怕是7天的时间，打到7头鹿的几率也很小。所以，这些事例都说明了关于这场冰雹的说法是真实的。

冰雹给我们带来了一顿丰盛的午餐，吃完之后，再次开始穿越塔巴尔根山脉。构成这条山脉的是一些不足几百英尺的山丘，山的主要材质是纯粹的石英岩和花岗岩。我们在天黑以后到达了塔巴尔根河边的驿站。晚上我吃到了一道当地人最欢迎的菜肴，从颜色和滋味看，是一种和小牛肉非常像的肉。本来我以为那是还没满月的小牛肉，听了当地人的对话后，我特别惊奇，原来这是美洲狮的肉。

9月17日，我们继续前进，顺着塔巴尔根河再经过一片肥沃的土地后，到了第九个驿站。在这儿，我们能买到一些饼干。几天以来，我们一直吃的都是肉，也没有尝到过别的东西。其实，这种专吃肉的"新生活方式"我并不讨厌，相反我认为这是唯一一种适合剧烈运动时的生活方式。曾经我听说，在英国，生病的人就被要求专吃动物性的食品。不过就算是为了保命，也不一定所有人都能受得了这种生活。可是，在潘帕斯草原上的高乔人，就能做到几个月连续只吃牛肉，而不进食其他任何食物。同时我还观察到，他们也不喜欢吃像刺鼠肉那样的干肉，只吃那种脂肪含量特别大的牛肉。别人跟我说，曾经有几队人，主动在

鹧鸪，属鸡形目雉科鹧鸪属。头顶羽毛为黑色，有褐色及黄色斑，身体大多为黑色，有很多圆形白色斑点，下身的斑点较大。多在山岗的灌木林中活动，喜欢吃蚱蜢等昆虫及蚂蚁，同时亦吃野生果实、杂草种子及植物的嫩芽。

当地印第安人剥取水蛇皮

在汤第尔地区追击一群印第安人,在三天三夜的追击过程中,他们没有吃过东西和喝过水。

第二天,也就是9月18日,我到了第十二个驿站。这里有一个庄园,一个养牧着牛群的拜仁妇女在此居住。当天晚上,我住宿在罗萨斯将军的一个大农庄里。竟然有城堡在护卫着这个农庄,规模也很大,这里曾经雇用了300人左右在这儿工作。起初我刚到这里的时候,还以为这里是一座城堡和要塞。

次日,在我们渡过了萨拉多河以后,沿途的景色终于有了变化。碧绿的青草取代了以往的粗草。最开始我把这种现象归结于土壤性质的改变。可后来我从当地的居民那里得知,是因为牛类的粪便和牛啃食了地上的草皮,才让这里的土地变得这么肥沃。

我并非植物学家,所以不知道该怎么解释这种植物的变化,到底是因为新的物种被引进,还是相同类别的植物在轮流生长;或者是它们不一样的比例数量。

但是，同种现象在北美洲的大草原上也出现。那里原本生长着五六英尺高的粗大的草丛，可只要在上面放牧过牛群，就会变成普通的牧场了。我们更换驿马的地点是瓜尔基亚·但尔蒙特地区。我发现，这个地区把在南方的两种欧洲植物划分开。茴香是布宜诺斯艾利斯、蒙得维的亚，以及其他城镇附近地区的主要植物。到了这一带，主要植物就变成了西班牙的蓟，且数量相对较多。这种植物我在萨拉多河以南各地都没有遇见过，可到了这里，这种多刺的植物成片地生长，甚至拦住了一些人兽通行的地方。而且，这种植物只要生长在某一个地方，其他的植物就甭想生存在那儿了。我不知道是不是有记载讲述这种外来生物大规模排斥当地生物的现象，但这种现象已经遍及南美洲了。这里的植物界因为马、牛和羊的到来而全部改变，甚至连羊驼、鹿和鸵鸟都被这些外来的动物给驱逐了出去。就连普普通通的家猫也变得巨大凶猛，占据了许多的山丘。

9月20日中午，在经历了漫长而艰辛的长途跋涉后，我们终于到了布宜诺斯艾利斯。

布兰卡港是位于阿根廷布宜诺斯艾利斯省东南部大西洋沿岸的一座港口城市

第八章
探索布宜诺斯艾利斯

> 我觉得，世界上最完善的根据规划建造起来的城市当中，布宜诺斯艾利斯算得上其中一个。城市中每条街道纵横交错成直角，任意两条平行街道之间的距离也都相等。这里的街区被命名为"方框"。一些房屋组成的面积相等的矩形，由此构成了这种矩形街区。

我们从9月20日开始，对布宜诺斯艾利斯进行游历和探索。布宜诺斯艾利斯这个大城市周围的风景特别优美动人，有龙舌兰构成的篱笆，还有树林里的桃树和柳树都刚刚抽出嫩绿的新芽。我停留在布宜诺斯艾利斯期间，在一位叫做伦勃的英国商人的家里寄宿，我感受到了他的亲切关怀和热情的款待，心中感激万分。

我觉得，世界上最完善的根据规划建造起来的城市当中，布宜诺斯艾利斯算得上其中一个。城市中每条街道纵横交错成直角，任意两条平行街道之间的距离也都相等。这里的街区被命名为"方框"。一些房屋组成的面积相等的矩形，由此构成了这种矩形街区。另外，这些房屋建筑群本身也形成一种中空的矩形，所有房屋的门都朝向中间一个整洁的小庭院开着（就像四合院）。这里的房屋大部分都是单层平顶的，屋顶上还放着椅子，方便居民们在炎热的夏天到屋顶来乘凉。政府机关、大教堂和堡垒都建在城市中心的一个广场里。在南美革命还没爆发的时候，旧总督府也建在这里。从建筑艺术方面讲，纵观这里的建筑水准还是不错的。但如果针对某一个建筑来说，恐怕就得不到这样的赞许了。

如果从观光的角度出发,最值得一看的莫过于这里的"大畜栏"(围栏)。为当地居民提供肉食的牲畜都被大畜栏围在里面。最精彩刺激的场面则是用马来拉走阉牛。一个人骑着马,把绳索两端分别系在马的肚子上和套在牛角上,之后就能把牛拖向任何地方了。这时,牛虽然可以让四只脚分开,扒住地面,却依然无法抵抗马的拉力。有时,牛会拼了命地往一侧横冲过去,马也会不甘示弱地立即转弯,这样既能承受牛的冲力,还能保持稳稳不动,也可以让牛摔在地上。在这一争斗中,牛的头颈不骨折就算罕见的了。很明显,这种争斗单纯地靠力气是没办法获胜的。相互较量的是马的肚带和牛的脖颈。如果这头牛是最野性难驯的,把绳索套在它的颈部,马照样能把它拖走。

　　屠牛者等到牛被拖到屠宰的地方后,会先细心地把牛的腿筋割断。可以这样说,牛发出的那一阵阵垂死的哀嚎,是我听过的最可怕的声音了。当我听到远处传来这种声音的时候,我就知道一场生命的斗争又结束了,剩下的就只有铺满牛骨残骸的地面了。

布宜诺斯艾利斯近郊

　　在布宜诺斯艾利斯游历了 7 天后,我们启程去圣菲进行考察。圣菲位于巴拉那河沿岸,距离布宜诺斯艾利斯有大约 300 英里。雨后的布宜诺斯艾利斯郊区,道路变得特别泥泞,可竟然还有牛车在通行。只是这牛车虽然有人在前面为它探路,选择最佳路线,可速度还是每小时不足 1 英里。9 月 28 日,我们来到了一个叫卢克桑的小镇。这里到处都长着大蓟,而且只要是长满蓟的地方都没法通行,中间能通过的也就剩下几条曲折的小路了,这里给人的感觉简直像一个迷宫。蓟丛间,仅有少许的动物。

9月28日和29日这两天,我们仍旧骑行。到了尼古拉斯一带,终于看到了著名的巴拉那河,这可是我平生第一次看见它。紧接着,我们又到了提尔西罗河。为了寻找古动物的化石,我在这里停留了半天的时间。最终,我找到了两个巨大的骨骼,一颗完好无缺的箭齿兽的牙齿,还有很多分散的骨块,它们彼此相互靠近。在河岸边直立的峭壁表面上,这些骨块很明显地突出来,不过大部分都已经腐碎了,能带走的也只不过是一颗大臼齿的几个小碎片而已。但是这些发现充分说明了,这是属于乳齿象的遗骨,并且这些乳齿象的种类应该和那些大量在安第斯山脉地区居住的乳齿象是一样的。

10月2日早晨,我们终于到达了圣菲。这里的纬度跟布宜诺斯艾利斯之间只差三度,可两地的气候却迥然不同,这让我感到惊奇不已。当地人的肤色和着装跟布宜诺斯艾利斯的样子不同,新品种的仙人掌及其他新植物的繁茂程度,以及较为突出的鸟的种类和数量之多,都足够证明两地的气候差距有多大。一个小时的时间内,我见到了6种鸟类,这几种鸟我在布宜诺斯艾利斯时没有见过。有一件事让我想不明白,两个地方的性质特别相似,并没有天然界限来区分它们,可为什么差异就那么大呢?

圣菲是一个比较小的城镇,安静整洁。我在这待了5天,自己独自考察了周围地区的地质。在峭壁脚下,

箭齿兽,是南美洲有蹄目中已灭绝的一属,生态上与河马相似,生存于上新世至更新世的南美洲。箭齿兽与一些南美有蹄目经历了南北美洲生物大迁徙,相信因更新世的气候转变而灭绝。

圣菲,阿根廷圣菲省的首府,位于阿根廷东部巴拉那河和萨拉多河汇流处

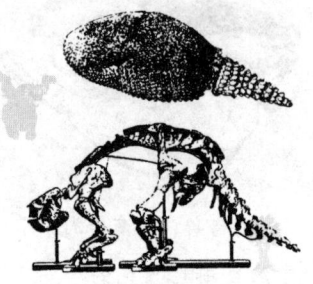

大犰狳的骨骼和甲壳化石

在布兰卡港发现的一颗马齿的化石

我分别看到了几类地层的景象。一个地层中含有鲨鱼的牙齿和几种已经灭绝的海洋生物贝壳。这个地层的上面是一层泥灰土，泥灰土的上面有一层潘帕斯草原特有的黏性红土。我还发现，有一些陆生四足兽的骨块埋在这层黏性红土里。这样的纵断面告诉我们，最开始这里应该是一个大海湾，后来慢慢地被陆地侵入，直到转变成了一个灌满淤泥的河床。一些生物的尸体漂浮在河面上，也跟着这种变化而沉陷在泥土里。

10月5日，我们渡过巴拉那河，来到了跟它相对的一个名字为"圣菲·巴佳达"的小镇。在附近的潘帕斯沉积岩中，我发现了一个像犰狳的巨大动物的骨质甲壳。把这甲壳里面的泥土清理干净以后，我发现这个甲壳看似一口大锅。除了这个，我还发现了箭齿兽和乳齿象的牙齿，还有马的牙齿。这颗马的牙齿让我兴趣大增，于是我开始仔细地观察它，另外看看是否还有其他的遗骸和它一起被埋藏在泥土里。欧文教授认为：有一种土种马曾经在南美洲本地出现过。后来西班牙殖民者们又额外地从欧洲引进了一些新的马匹，这种马匹的数量逐渐增加，最后繁衍成了一个大规模的马群，它们抢占了土种马的生存空间，最终导致土种马在本地绝迹。

我在这一带旅行时，听说了不少对近几年大旱后自然环境的描述。从1827-1830年期间的南美洲，出现了一段叫"大旱时期"的气候。这个时期的主要表现是：雨水特别少，溪水干涸见底，植物大批量枯萎，就连蓟类也都枯死了。整个地区看上去就像一条到处都飘着尘土的马路，有太多的飞鸟、走兽和牲畜都因为没有食物和饮水而死亡。就布宜诺斯艾利斯省来说，因此损失的牛就有100万头。因为这次大旱，圣佩德罗的一个牧场主家里原本的2万多头牛没剩下一头。

如今的圣佩德罗又恢复了往日的气候，大量的牲畜繁衍起来。可是在大旱时期末期，这里军民所需的肉食完全依靠船只从外埠运输进来。有一个当地人告诉我，那时候院子里老是有鹿到井边找水喝。人们也就能轻易地追捕到野外的鹧鸪，因为它们口渴得根本飞不动。每个农场里的牲畜也都四处逃难，彼此凑成一群，逃到南方去了。后来布宜诺斯艾利斯政府无奈之下，专门针对农场主之间有关牲畜的纠纷问题成立了一个委员会。地面的长时间干旱，到处尘土飞扬，弄得看不清田地里的界碑，大家根本不知道自己农场的地界到底在哪里，由此还产生了一些有趣的纠纷。

动物们在大旱时期的生活是非常凄惨的。曾经有人告诉我，他亲眼目睹了上千头牛奔向巴拉那河，但是因为身体饥饿无力，它们没能走过那积满淤泥的河滩，最终全部淹死在河里。船只到了流经圣佩德罗河的支流更是无法通行，因为大约有几十万只动物死在那里，河里到处漂着腐烂的野兽的尸体，臭气冲天。干旱导致了所有的小河含盐量上升，而这种咸水根本不能维持走兽们的体力，所以，在很多地方都能看到野兽们大量死亡的情景。以上情况，决定了在接下来的一年里，土壤沉积层一定会埋藏着成千上万的动物骨骸。不知道将来的某一个地质学家看到了这个充满着不同种类和年龄的所有动物遗骨的沉积层时，会作何感受呢？

我原本计划继续旅行，可是因为头疼，身体又没有完全康复，所以只能乘一条小船回到布宜诺斯艾利斯。10月12日那天，天气特别不好，这条小船也只能停在巴拉那河中的一个岛上休息。巴拉那河上坐落着很多岛屿，可因为水流在不断变化，它们往往是此沉彼浮。这些岛屿的形成完全是由淤泥积聚所致，岛上根本找不到一块砾石。这些只有大约4英尺高的岛屿，每逢洪水泛滥的季节，就会全部被淹没。它们拥有相同的特征，比如上面都生长着柳树和少许其他种类的树，树上缠绕着各种各样的攀援植物。这样的丛林，少不了会有水豚和美

剪嘴鸟

洲狮的出没。我在岛上向前走了不到100码的距离，就看到了美洲狮最近才留下的痕迹，所以无奈地返回到船舱。

巴拉那河两岸树木繁盛，美洲狮非常喜欢居住在这里。水豚是美洲狮首选的猎物，它们通常被美洲狮咬断喉咙而死。所以当地人得出了一个结论，水豚数量越多的地方，美洲狮伤人的危险性就越小。曾经在巴拉那河一带，就出现过美洲狮咬死很多伐木工人的事件，有时到了晚上，美洲狮甚至会跑到船上。有一个在圣菲·巴佳达居住过的人，曾经就被美洲狮咬过，当晚美洲狮跳上甲板咬住他，他虽然奋力挣脱，可还是被咬掉了一只胳膊。

恶劣的天气，让我们在这里耽搁了两天的时间。我们在10月15日起锚出发。途经戈尔答角时，我不再搭乘小船，而是改乘一只小筏子，一路沿着一条狭小的河滨向上游行。在这里，我看到了一种相当奇特的鸟类，它被称作"剪嘴鸟"。这种鸟的大小跟燕鸥相似，腿不长，脚上还长着蹼，翅膀又尖又长。剪嘴鸟的嘴扁平且弹性很好，就像一把象牙材质的裁纸刀。还有最特别的一点跟其他鸟类不同，它的上嘴比下嘴要短一英寸半。每当湖里有许多小鱼聚集在一起的时候，剪嘴鸟就会集合成小群，贴着水面快速地飞行。它们张开嘴，把下嘴的一半伸进水里，趁势捕捉到水里的鱼。飞行时，它们还能做急速转弯，同时灵敏地用下嘴把鱼犁出水面。它们掠过水面的时候，看上去就像水面被犁划开一样打破平静的水面，留下一道道波痕。多么让人赏心悦目的情景！

剪嘴鸟

巴拉那河，（南美洲第二大河，全长5290公里，流域面积280万平方公里

从巴拉那河一带一直到遥远的内地，都是这些鸟的分布地带。成群结队的剪嘴鸟经常在白天到河边的草原上休息。据说，它们常年在内陆中生活，在沼泽地里孵卵育雏。曾经，我在港口尽头的淤泥浅滩上观察到，有几大群剪嘴鸟整天留在那里，到了晚上就飞到海中去。因为只有在夜间，大量的鱼类才会从深水中浮到水面上来。我依此判断，剪嘴鸟是一种在夜间捕鱼的鸟类。

阿根廷首都国会大厦

第九章
潘帕斯短途之旅

> 我们曾经还在这片海域看见了"磷光"这种奇特景象。一个很黑的晚上,当贝格尔号在拉普拉塔河南面海域航行的时候,海面上就呈现了这种到处闪烁着青白色光芒的景象。

　　我们在布宜诺斯艾利斯以及附近驻留了大概14天。在停留的这段时间,我碰上布宜诺斯艾利斯爆发政变,整个布宜诺斯艾利斯都被封锁了。很明显,我不能在这里久留。正要离开时,碰巧遇见一艘准备开往蒙得维的亚的邮轮,我乘坐这艘邮轮离开了布宜诺斯艾利斯。

　　单从地形图上看,拉普拉塔河绝对是这个地区最有名的河流。但是,当你经过这条河时会觉得,流着污浊不堪河水的宽敞河道实在叫人厌烦。前面我提过马尔多纳多附近的情景,蒙得维的亚和那里差不了多少,只是这里比马尔多纳多平坦许多。抵达蒙得维的亚后,我才得知贝格尔号要在这里继续停留一段时间,所以我决定去东方班达做一次短途旅游。

　　11月14日下午,我们从蒙得维的亚出发。我们的旅游路线是先去拉普拉塔河北岸的科洛尼亚·但耳·萨克拉明托城,再沿着乌拉圭河逆流到达位于内格罗河边上的梅赛德斯,然后经陆地返回蒙得维的亚。旅游两天后,我们在库弗烈的驿馆住了一晚,并准备第二天在这儿驻留一天。站在窗边放眼望去,

　　风景的确很不错。绿色的丘陵连绵起伏,远远看去,拉普拉塔河闪闪发光。

蒙得维的亚海关

此时，我对这个地方的感觉已经跟原来大有不同了。当我骑马飞驰在潘帕斯草原上的时候，我深深地被这里的美景所吸引。这里全部都是连绵起伏的丘陵，我实在搞不懂为什么把这里叫做平原。丘陵的地形高低不平，所以这里有很多小河，草地也因为河流变得更加青翠了。

11月27日，我们穿过水流很急并且很深的罗萨利奥河。河附近的居民和牛羊都很稀疏。在这个省的辖区内，我曾两次看见过一种品种很奇特、被叫做"纳塔"或者"尼亚太"的公牛。只看外表，这种牛的额头很宽并且很低，鼻子向下翻，上嘴唇很明显地向后缩。它的牙齿总露在外面，鼻孔的部位很高，眼睛向外突着。从外形上讲，这种牛和其他牛的区别就像狮子狗和其他狗的区别一样。行走时，它们总是垂着头。相比其他牛而言，这种牛的后腿比前腿要长，以至于它们缩进去的头部、露出的牙齿，还有跟狮子类似的鼻子放在一起时的表情，貌似带有一种目空一切的自信，感觉很搞笑。

皇家舰长沙利文是我的一个朋友，我回国后受他的邀请，有幸看到了这种牛的头盖骨。从我所了解的资料来看，这种牛的原产地，大家一致认为是拉普拉塔河南面的印第安人居住的地区，并且在那时应该是很普通的动物。这种牛在布宜诺斯艾利斯被认作稀有动物是在八九十年以前，因为那时这种牛很稀少。即便是在当下，在拉普拉塔地区生长的这种牛，依然带有一点野性，跟普通牛比起来，它们更容易发火。如果母牛生下小牛犊后，看望它的次数过多或打扰到它的话，母牛便会扔下小牛犊不管。

11月19日，我们到达瓦卡斯城的河谷。当天晚上，我们在北美洲人的家里休息了一夜。次日，我们在半路树干上发现一些美洲虎抓出的印迹，在路面上也发现了美洲虎的新爪印。我们的行踪连一只美洲虎都没有惊扰到，所以我们想找到一两只美洲虎的意图也没有实现。很快，我们到达了乌拉圭河，这儿的河水很干净，水流速度也很快。在阳光的照射下，河面的景色显得那么壮观宏伟，比挨着它的巴拉那河要强得多。乌拉圭河对岸有几条支流是从巴拉那河注入到这里，分辨它们很容易，只要看河水的颜色就可以了。

很快又是新的一天，我们重新出发。这个地方生长着潘帕斯蓟丛和西班牙蓟丛，一片一片地各自生长，很茂盛，不相互掺杂。事实上，完全可以说这两种植物生长在这里的所有地区。西班牙蓟的茎可以长到和马背一般高，而潘帕斯蓟的茎比骑马人的头顶还要高。蓟丛十分茂密地生长在路的两边，行人想向路两边走进一米的距离都是非常难办到的事情。这里的很多道路两旁都茂密地生长着蓟丛，万一牛马跑进蓟丛，很快便不见踪影。所以在这个地方，赶着牲口穿过蓟丛是件十分危险的事情。

我们在11月22日来到了一个名叫贝尔克罗的村庄。村庄的主人是个英国人，十分好客热情。我们在英国人的盛情邀请下一共住了三天。我发现这里牛的数量极少，却生长着很多草类。我确信，如果东方班达人的土地能好好管理一下的话，应该能喂养不少牛羊。因为如今每年有30万张牛皮从蒙得维的亚出口。

大蓟，正名为蓟，为植物菊科蓟属植物蓟的全草或根，多年生草本，高0.5–1m。根簇生，圆锥形，肉质，表面棕褐色。茎直立，有细纵纹，基部有白色丝状毛。夏秋采全草，秋季挖根，有凉血止血、行瘀消肿的效果。

西班牙蓟

波兰低地牧羊犬，是一类畜牧与守卫犬，起初用于枪猎，现在通常作为伴侣犬、牧羊犬。它放牧和工作的能力要归因于强烈的取悦愿望和天性。它活泼、聪明、理解力好，并有优秀的记忆力。体型中等，耐寒，适应城市生活。

苏格兰牧羊狗

而且当地消耗和废弃的牛皮更是不计其数。

在这里，站在山上可以望见内格罗河。这条河弯弯曲曲地流经悬崖峭壁，水流很急而且河面宽广。河岸上的树木如丝带一样连绵起伏，远处的草地一波一波地终止在地平线的终点。

在这两个农庄驻留期间，让我感到很有趣的是关于牧羊狗的许多情景。骑马走在路上，经常会遇见大批羊群。遇见羊群的地方大都是远离农庄或者牧羊人，只有一两只牧羊狗守护着羊群。我对狗和羊建立的深厚情谊感到十分惊讶。具体的方法一般都是，在狗很小的时候，就让它到羊群中生活，不允许和其他狗以及人有任何接触，在羊圈旁边用羊毛给小狗建一个狗窝，每天喂三四次羊奶。经过这样的生长过程，这些小狗长大后一般不会对同类产生任何情感，还会像其他狗保护主人一样保护着羊群，不愿意离开羊群。当有人接触羊群时，牧羊狗便立刻上前狂吠。这个时候，所有羊群都会跟在牧羊狗后面，就像跟着老公羊一样集合在一起。假如对牧羊狗进一步训练的话，它们就能在傍晚把羊群在规定的时间带回家，而且很容易训练。

每天，牧羊狗回到主人那里都会得到一块肉，害羞地躲到一边吃。这时，家养的狗就会很有意见，就连最小的家养犬都敢追赶着攻击牧羊犬。但等到牧羊狗跑回羊群时，它会立刻转身吠叫起来，吓跑所有的家狗。羊群有这样一只忠心又英勇的牧羊狗在守卫，就算有一群饥饿的野狗也不敢轻易进攻。

11月26日，我们准备返回蒙得维的亚。我们听说位于内格罗河的支流萨朗第斯河边上的一户农家周围有一些很大的兽骨，于是，我骑马到那里买了一个箭齿兽的头骨，花了 80 便士。头骨是在离这里大概 180 英里的提尔西罗河的岸边发现的，当时还很完整。我们还在其他两个地方发现了这种野兽的骨骸。因此这种野兽以前在这里肯定很常见。另外，我在这里还找到了一部分跟犰狳兽的大甲骨和磨齿兽的头骨很像的骨头。东方班达的花岗岩被这个巨大的河口沉积层所遮盖着。这里的野兽遗骸的数目也是庞大的。旅行期间，我不仅看到很多这种遗骸，而且听过不少次关于"兽河"和"巨兽山"这种地名来源的故事。因此我可以断定，这些灭绝了的巨大四脚兽的坟墓遍布潘帕斯的所有草原地带，假如你顺着潘帕斯草原的任意方向沿直线挖下去的话，肯定能碰到下面埋着的野兽遗骸。

我们在 11 月 28 日晌午回到蒙得维的亚。此次返程大概用了两天半时间。几天后，在 12 月 6 日那天，贝格尔舰总算从拉普拉塔河出发，之后再也没停靠过污浊不堪的河流。这次我们准备在马塔哥尼亚沿海的希望港靠岸。在靠岸后的那段时间里，我又增长了不少见识。

拉普拉塔河

一天夜晚，在离开圣勃拉斯湾大概 10 英里之后，天空出现了大量的蝴蝶，成群结队的一眼看不到边。水手们呼喊道："好多蝴蝶，下蝴蝶雪了！"看起来的确是这样，就算是用望远镜，也看不到缝隙。我发觉这群蝴蝶不仅有蝶类，还有蛾类和很美丽的昆虫混在里面。离海岸很远的深水区，生物数量极少。南纬 35° 的地方，只能捕捉到瓜水母以及很小的甲壳类生物，很难看到其他动物了。

几英里内的浅水区域，只有晚上可以捕捉到很多甲壳类生物，在白天就不要期望能捕捞到什么了。在南纬57度以北的合恩角这片海域，有许多鲸鱼、海豹和信天翁生存，我曾经在船尾下过几次网，但捕捉到的不过是些很小的生物种类。信天翁生存在距离海岸很远的海域，我很奇怪它们是以什么为生的。我觉得，信天翁应该跟康多鹰差不多，在大餐一顿鲸鱼的浮尸以后，可以长期不吃食物。

我们曾经还在这片海域看见了"磷光"这种奇特景象。一个很黑的晚上，当贝格尔号在拉普拉塔河南面海域航行的时候，海面上就呈现了这种到处闪烁着青白色光芒的景象。军舰航行时，海浪的两道磷光被船头推送着，留下一道乳白色的尾波在船尾荡漾。在视力范围之内，每道波纹都闪着光芒，由于这些淡青色光芒的反射，地平线的天空没有平时那么黑暗了。

向南继续行驶之后，就极难碰见这种情形了。大概是由于这片海域的生物稀少的原因。在我印象中，离开合恩角后，只碰见过一次，并且较之以前见到的要昏暗不少。我觉得，波浪里呈现出的鲜绿色火花，可能是很小的甲壳类动物造成的。许多深水动物在活着时也能发出磷光，这一点是值得一提的。在拉普拉塔河口周围，我两次观察到很深的海水也能发光，直径大约有三四米的圆形或者椭圆形斑块，发出灰白色光芒，轮廓分明而且稳定。这些白光的外形酷似月亮或是其他发光体的倒影。它们的边缘由于波浪起伏而变得弯曲。根据我的猜测，这可能是由几种动物汇聚在深度超过船底的海水里形成的，军舰航行过这些斑块时，我们没有破坏它们。

第十章
游历巴塔哥尼亚

> 羊驼，又叫野美洲驼，这种四足兽是巴塔哥尼亚平原上特有的，就好比东方骆驼在南美洲的代表。羊驼的长颈和细腿非常匀称，可以称得上是自然条件下的一种优美的动物。

我们于12月23日抵达了希望港。这个港口坐落在巴塔哥尼亚的海滨。贝格尔舰停泊在港口内几英里的地方，对面有一个废墟，这里曾经是西班牙人的旧殖民地。

在第一次走进一个地方时，总会感觉新鲜有趣，这一次也不例外。这天晚上，我第一次走上岸。这里的景色都那么独特非凡。在斑岩层上面大约300英尺的地方有一片广大的平原。这便是巴塔哥尼亚典型的平原，主要是由很圆的砾石和某种略带白色的泥土混合而成，地面特别平坦。稀疏的、棕褐色的粗硬草丛长得到处都是。天气很干燥，却给人舒服的感觉。少许的云飘浮在明亮的蓝天下。一个人若是站在这样荒凉的平原望向内陆，通向另一个更高的而且同样平坦荒凉的平原，陡坡就会挡住他的视线。在某些地方，由于上升的热气流动荡不定的原因，导致人们看不清那里的地平线。

在巴塔哥尼亚地区，动物群像植物群一样那么少。平原那么干燥，只有少数的黑甲虫在上面缓慢地来回爬着，偶尔从侧面蹿奔出来一只蜥蜴。我们还看到了三种不同的食尸鹰。在一年当中的某一段时间，这些鹰会成群结队地飞行，

猎人在猎取羊驼

发出响亮而奇特的叫声，就像羊驼在嘶叫。

　　羊驼，又叫野美洲驼，这种四足兽是巴塔哥尼亚平原上特有的，就好比东方骆驼在南美洲的代表。羊驼的长颈和细腿非常匀称，可以称得上是自然条件下的一种优美的动物。自南美洲全部温带地区，往南延伸到合恩角附近的岛屿，这种动物都很常见。它们通常是群居生活，几只或者几十只不等，组成群体。可曾经有一次，我在圣克鲁斯河的岸边看到一群羊驼，数量达到500只以上。

　　羊驼有着很强的野性，生性也很谨慎。据斯托克顿先生说，有一天他用望远镜看到了一群羊驼，当时距离很远，用肉眼还看不清楚它们。可那些羊驼很明显是被惊吓到了，它们四处逃窜，同时发出一种特殊的尖锐的嘶叫声。猎人就是依靠这种声音来判断羊驼的具体位置。当慢慢向羊驼走近的时候，它们会尖叫几声，然后缓慢地移动，接着就会顺着杂乱的小路向附近的山里跑去。可是如果一只或者仅有几只羊驼被猎人发现，就会发现它们通常的表现是站在那里不动，全神贯注地盯着猎人，然后往后稍微挪动几步，再转过身回头望几眼。很显然，这种习惯并不是它们平时表现出来的懦弱性格，这究竟是怎么一回事呢？难不成它们在远处的时候把人类误认为成自己的天敌美洲狮了？还是它们的怯懦被好奇心代替？羊驼的好奇心确实很强。若是有一个人躺在地上做一些滑稽的动作，比如把双腿举向空中，羊驼常常会慢慢地走过来探个究竟。这个计策猎人们经常采用，而且很成功，因为哪怕是他趁此机会连放几枪，羊驼也会认为这是滑稽表演的一部分。

我曾经在火山岛的山地上多次发现，只要我靠近一只羊驼时，它除了会嘶叫和尖叫，还胡乱蹦跳，似乎是在公然地挑战或者反抗。驯养这些动物很难，我在北巴塔哥尼亚的一所房屋附近，看到这里驯养着羊驼，而且也没有用绳索拴住它们。羊驼在没有被驯服以前没有防御的本能，就连一只猎狗也能够看住一只巨大的羊驼，直到猎人到这儿把它捉去。羊驼的很多习性跟羊很相似，当它们发现四面八方都跑来很多骑马的猎人时，马上就惊慌失措，到处乱窜。印第安人经常采用的捕捉羊驼的方法就是把它们驱赶到一个中心地点，然后进行包围捕捉，看来非常管用。

羊驼热爱游泳。我曾经在瓦尔蒂斯港看到羊驼正游着从一个岛向另外一个岛。以前还有些人见过羊驼喝咸水。不过我认为，生活在这个地区个别地方的羊驼也只能喝咸水。它们偶尔还喜欢到处闲逛。从布兰卡港到海岸30英里的范围内，我发现了几十只羊驼的足迹。这些足迹一直通往海湾，可就当它们察觉好像已经到海边的时候，又把队形调整得整整齐齐的，转弯往回走了。

羊驼在临死之前，似乎会把自己希望葬身的地方选好。在圣克鲁斯河的岸边，有几块土地界限格外分明、灌木茂盛，白色的羊驼尸骨遍地都是，我数了一下头骨有20多个。再仔细看，这些头骨跟我以前见过的那些被野兽咬碎的骨头还不一样。大部分情况下，它们应该是在临死前爬到这些灌木丛中的。

1834年1月9日，贝格尔舰在天黑之前赶到了圣尤利安港。我们一共在这儿待了8天。这个海港十分

羊驼，属偶蹄目骆驼科，外形有点像绵羊，一般在高原生活，以高山棘刺植物为食。喜欢群居，独立生存能力比较差。大多生活在南美洲的秘鲁及智利的高原上，其余分布于澳洲的维多利亚州以及新南威尔士州。

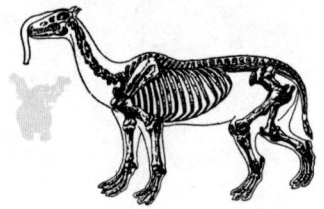

马克鲁兽的骨骼和外形

优良宽广，地形方面跟希望港很像，但它相对更贫瘠一些。

圣尤利安港的平原高达 90 英尺，上面覆盖着一些砾石堆的红土。我就是在这里发现了四足兽——"马克鲁兽"的半副骨架。它的体型跟骆驼一样大。从它长颈骨的构造来看，它和骆驼有很大的关系，甚至说跟羊驼有更密切的关系。不过有一点可以肯定，这种四足兽的出现是远在现代贝壳居于海里很久之后。但让我很惊奇的是，这么晚的年代怎么会出现体型这么大的四足兽？而且还是在这些荒凉砾石平原上生活的。要知道，在这些荒凉的平原上长着的也只是一些矮小的植物而已。

当年的 4 月 13 日，贝格尔舰行驶到了距离圣尤利安港以南的圣克鲁斯河的河口。有一次，贝格尔舰的舰长斯托克顿在船行驶到这里的时候，曾经沿河而上，准备观察河的内陆部分。但当时因为缺少粮食，最后也只能半途而废。这一次，费兹·罗伊舰长决定充分利用可能的时间逆流行驶。到了 4 月 18 日，我们 25 个人带足了三个星期的干粮，乘着三条捕鲸船一起出发了。

圣克鲁斯河是阿根廷的河流，位于巴塔哥尼亚地区，河道全长 385 公里。

从出发的地方开始，我们观察圣克鲁斯河的大小和外形，直到行程终点，发现也没有什么变化。它的宽度一直保持在 400 码，河心的深度大概 19 英尺。河水呈纯蓝色，流速很急。航行了几天，我发现巴塔哥尼亚各个地方的生物完全相似，生长的都是些低矮的植物，河谷里的多刺灌木也相同，甚至天空中的飞鸟和昆虫也一样。河床由砾石构成，因为找不到能维持生活的食物,所以水禽也很少见。

巴塔哥尼亚的土地虽然从以上几个方面看是十分贫瘠的,但它却拥有世界上最多的小啮齿类动物。这里的河谷密丛中聚居着几种鼠,耳朵很大很薄,毛又细又软,它们吮吸了露珠后,能一连几个月都不用喝水。有一种专门以这种小老鼠为食的狐狸,体态优美,数量也极多。

有一天,我射中了一只康多鹰。测量后得知,它的两个翅膀张开后宽度是8英尺半,嘴尖到尾端长度是4英尺。大部分人都知道,这种鹰的分布范围很广,踪迹遍布从麦哲伦海峡沿着安第斯山脉直到北纬8°处的南美洲西部沿海一带。康多鹰在巴塔哥尼亚海滨的北方界限是在内格罗河河口附近的一些险峻峭壁,它们的大本营则是安第斯山,从那里出发,能飞到400英里远的地方。智利境内的康多鹰,一年内的大部分时间里,出没于太平洋沿岸的低地地区。到了晚上,它们会在同一棵树上栖息。初夏季节,康多鹰就会回到大本营最偏僻的地方去安静地产卵育雏。

智利的当地居民告诉我,康多鹰在繁殖时期是从来不筑巢的。通常,在每年的11-12月,康多鹰会在裸露突出的岩石上产下两枚白色的大蛋。据说,幼小的康多鹰在出生后的一年里都不会飞翔。即便是它们学会了飞行,还是需要很长一段时间和自己的父母继续生活在一起。白天它们一起捕猎,晚上也一起栖息。

圣克鲁斯河处在大陆深处,我在它的玄武岩峭壁上发现有23只康多鹰在一起生活。在我走到一个峭壁的斜坡时,一幅宏伟的景色进入我的眼帘:有20多只

康多鹰,即安第斯神鹫,或南美神鹰。体长130厘米,体重达10千克,翼展可超过3米,是世界上最大的飞禽。当地安第斯人把安第斯神鹫当作"安第斯文明之魂"而加以尊敬,象征威严,但西班牙殖民者登陆后大肆捕杀导致濒临灭绝。它是玻利维亚、智利、哥伦比亚和厄瓜多尔等国的国鸟,也是国旗和国徽上的主要象征之一。

康多鹰拍打着翅膀从自己的栖息地起飞,开始的沉重逐渐变得威风凛凛,它们在空中盘旋,然后飞向远方。岩石上堆积了很多鹰粪,说明这些鸟长期在这里栖息、孵蛋,在用野兽的尸体填饱肚子以后,它们很喜欢飞到这些突出的崖顶上休息,把肚子里的食物消化掉。依照这些事实我们可以推断,康多鹰也像大兀鹰那样,在个别程度上过着群居生活。

这一带的康多鹰专门把羊驼的尸体当做食物。这些羊驼要么是自然死亡,要么是被美洲狮咬死。在巴塔哥尼亚观察到的事实告诉我,康多鹰通常只在自己固定的栖息地附近觅食。有几次看见康多鹰在某地的上空优美地盘旋,刚开始我以为那是它们在玩乐。后来我从农民那里得知,它们是在观察一只快要死了的野兽,或者在等美洲狮吃剩的猎物。康多鹰的飞行方式如果是向下滑翔,接着又猛然向上飞起,当地人依此判断这时是有美洲狮出现了。那是美洲狮为了赶走这些偷窃猎物的飞贼而跳起来。康多鹰平时除了吃野兽的尸体之外,还时不时地攻击小山羊和羊羔。不过在羊群中有康多鹰掠过的时候,牧羊狗就很快跑来保护羊群,注视着飞在空中的康多鹰,然后朝它们不停地吠叫。

5月4日,这里湍急的河水、曲折的河道,还有两岸那相同的环境和凄凉的景色,完全不能吸引大家继续前进。所以费兹·罗伊舰长决定终止向上游行驶。如今我们已经离开大西洋100多英里了,离得最近的海港也有60英里远。其实最重要的是,现在我们的粮食太少了,已经到了每个人只吃半份面包的地步了。这些粮食可以满足那些从事脑力劳动的人,但是我们这些人都是日夜奔走的,数量明显是不够的。在我们返程的时候,顺流而下的速度比平时快5倍。

5月8日,我们终于在经历了21天的旅行之后,返回到了贝格尔舰。

第十一章
福克兰群岛海峡

> 如今,狼形狐的数量已经非常少了。在伯克利海峡和福克兰群岛的圣萨尔瓦多湾峡谷东面地区,狼形狐已经灭绝了。将来假如移民把福克兰群岛全部占据之后,那过不了多长时间,狼形狐的命运估计会跟渡渡鸟的命运一样,永远地在地球上消失。

贝格尔舰航行期间,我们曾在1833年3月1日和1834年3月16日两次停靠在东福克兰群岛的伯克利。福克兰群岛的面积大概比爱尔兰面积的一半多一点,进口处的纬度和麦哲伦海峡进口纬度基本一样。福克兰群岛上遍地都是泥炭土和又硬又粗的褐色草,地面丘陵起伏,景色十分荒芜。由泥炭土组成的平原表面上矗立着灰色的石英岩山峰和山脊。这里阴雨连绵,多风、少阳光、霜露,只有北威尔士600多米高的地方才与这里的气候相似。

曾经在军舰第二次停靠在福克兰群岛时,我围绕着这个岛的部分地区做了一次短途旅游。我和两个高乔人带着6匹马于3月16日早上出发,这一天不仅很冷,而且还下着大冰雹,天气十分恶劣。我们的出行没有遇到坎坷,但是如果不考察地质的话,这一次的旅行就很没意思了。原因是路上一律都是起伏的丘陵,就连地表上生长的淡褐色小草和稀少矮小的灌木都死气沉沉。因为沙地的土质相对来说比较松软,所以会有一些小的雁群在河谷里,沙锥鸟也会因为不难找到食物而存活下来。这里也有其他鸟类存活,但数量都比这两种鸟类少得多。

我们在黄昏时碰到一群个头不大的野牛。两个高乔人中那个叫圣杰戈的马上取出投石索扔向其中一头，还投中了牛的两条腿，但没能抓住它。所以他将帽子扔到投石索附近掉落的地方，拿出套马绳奋力追赶那头野牛。经过激烈的追赶，最终追上它，将套马绳套住了牛角逮住了它。圣杰戈抓住野牛冲向他的每次机会，想方设法将野牛弄到平地上。我非常佩服地看着圣杰戈在野牛背后灵活地闪躲着，终于一刀刺在野牛后退的腱骨上，这一刀给了野牛一个沉重打击。之后，圣杰戈轻松地将刀刺进野牛脊椎的顶端，这头牛便像触电一样倒下了。他从牛身上连皮割下几块不带骨头的牛肉，这几块牛肉足够我们旅途中享用了。后来，我们骑马到露宿营地，烤着吃了这些连皮牛肉，味道比普通牛肉要可口得多。

在旅行期间，我仅仅碰到过一次野马。野马和野牛都是在1764年从法国运过来的。之后，野牛和野马的数目便开始大幅度增多。令我感到奇怪的是，这些野马从未离开过福克兰群岛的东端，这里既没有可以阻挡野马跑到其他地方的天然屏障，水草也不比其他地方更丰饶。关于这个问题，我曾经问过高乔人，他们认为，野马是对它们习惯的地方留恋不舍，所以不肯离开，除此之外也难以给我一个合理的解释。

家兔同样是从外地运过来的动物，繁殖速度非常快，岛上大部分地方都有家兔生存。不过，家兔也有自己的居住领域，这点和野马相似。岛上的中央山脉是家兔生存的界线，它们从不越过，并且据高乔人讲，假如人们不把家兔带到这个地方的话，到现在这里都不会有家兔的生存。家兔产自北美洲，我实在想象不到它们是怎样在如此潮湿的气候下生存的。这里的阳光非常少，导致小麦的成熟几率都很小。有人觉得，福克兰群岛的气候跟瑞典相似，符合家兔生存的气候条件，但是，在瑞典的家兔是无法在野外生存的。另外，最初运到这里的很少的几对家兔，一定得与它们的天敌——老鹰和狐狸抗争。这儿的黑色变种兔被法国博物学家认为是一个新的物种，而且取名叫做"麦哲伦兔"。但高乔人却笑话我把黑色家兔和灰色家兔分得太清楚。高乔人说，不管怎样，灰色家兔都没有黑色家兔分布得广，也从没见到过这两种家兔分开生活。黑色和灰色家兔常常会互相交配，生出的后代颜色也会比较杂。这话我比较认同，目前我就有一个杂色的野兔标本。法国博物学家所讲的那个物种和标本的头部显然不一样,通过这个例子告诫博物学家,在对一个新物种下结论时,一定不能粗心。

岛上的原产四足兽只有一种,分布在岛的东南部,就是大型狼形狐。我觉得,狼形狐确实是一个独特的物种,不然不会只在福克兰群岛上才有。高乔人、印第安人以及许多来岛上捕猎海豹的人都表明,在南美洲的其他所有地方都没碰到过狼形狐。就生活习惯来看,有人认为狼形狐跟库尔披狐相似,但我见过这两种动物,它们显然是截然不同的。水手们总错误地认为狼形狐比较凶猛,其实它们秉性温和,只是有强烈的好奇心,所以水手们很害怕它们。事实上,曾经有人目睹一只狼形狐进入帐篷,只从睡得很死的水手枕头下叼走一些肉。高乔人时常在晚上诱杀狼形狐,他们一手拿着杀狼的刀,一手拿着肉就能很容易地杀掉狼形狐。据我所知,世界上的任何岛,没有像福克兰群岛这样,既距大陆很远,又生存着原产地秉性特征的大型四足兽。如今,狼形狐的数量已经非常少了。在伯克利海峡和福克兰群岛的圣萨尔瓦多湾峡谷东面地区,狼形狐已经灭绝了。将来假如移民把福克兰群岛全部占据之后,那过不了多长时间,狼形狐的命运估计会跟渡渡鸟的命运一样,永远地在地球上消失。

3月18日,几乎下了一整天的雨。晚上,由于我们身上裹着马鞍布,所以没有被淋湿,也不觉得冷,整个晚上顺利地度过了。不过我们所走的路,看起来已经非常泥泞了。以至于我们骑马走了一整天后,连

狼形狐

渡渡鸟,或作嘟嘟鸟,又称愚鸠、孤鸽,是仅产于毛里求斯岛上一种不会飞的鸟。这种鸟由于人类的捕杀和人类活动的影响彻底绝灭,是除恐龙之外最著名的已灭绝动物之一。也是毛里求斯唯一被定为国鸟的已灭绝鸟类。

一个能坐下来休息的地方都找不到。纵然这个岛上一棵高大的树木都找不到,却有一种极好的燃烧木料,就是岛上的一种绿色小灌木,哪怕是绿色的也能烧着。瓢泼大雨之后,附近的所有东西都被淋湿了,高乔人只拿一块破布和一个打火石,就能使用绿色灌木生起一堆火。高乔人把从草地里和灌木丛里找来的一些干树枝劈成细棍,再在细棍周围搭上粗树枝,搭成一个看起来像鸟窝状的柴堆。然后把破布放在柴堆中间,点燃破布并盖好,将柴堆放到逆风方向,柴堆冒出的烟就会越来越多,越来越浓,最终烧着。目睹了高乔人的生火技巧,我实在想不出还会有更好的方法能点燃这些淋湿的木料。

之后的第二天,天气仍然非常不好,于是我们打算尽可能在天黑之前返回船上。但是雨水太多了,我们要走的所有的路都变成了沼泽,骑的马少说也跌倒了十多次。我们带的6匹马只能在沼泽里艰难地前行。本想让马跳到对岸,但是小河两边的地面已经变得十分松软,很明显是不可能了。所以我们被迫从小海港的终点下水穿过去。海港里的水跟马背一样深,浪花被偶尔刮过的狂风吹得四处飘散,我们浑身都被浪花打湿了,条件十分艰苦。经过这段短途旅行,我们回到有居民的地方后,就连经常碰到这种天气的高乔人也忍不住高兴地呼喊起来。

在这个岛上,生存着很多种水栖鸟类。听以往的老航海家讲述,他们那个时候,这里的水栖鸟类比现在多得多。一次,我目睹了一只鸬鹚玩弄它抓到的一条鱼的全过程,它连续8次把鱼放到水里,再把鱼抓

鸬鹚,也叫水老鸦、鱼鹰,是鹈形目鸬鹚科的一属的鸟类。身体比鸭狭长,体羽为金属黑色,善潜水捕鱼,飞行时直线前进。中国南方多饲养来帮助捕鱼。除南北极外,几乎遍布全球。

住。尽管是在深水海域，鸬鹚还是能把鱼抓到海面上。我印象中，一次在动物园里曾经看到过水獭使用这种方法玩弄一条鱼，好像猫在玩弄老鼠一样。

红脸鸬鹚

企鹅是鸟类的一种，而且非常勇猛。有一次，我考察了企鹅的生活习性，当我向海边走时，它便向我攻击，试着让我退后。企鹅英勇地面对着我，坚毅地守护着自己的每一寸领地。当我和企鹅抗衡过程中，它的头部一直在左右摇晃，做一些十分奇特的举动，仿佛眼睛只盯着眼前。这种企鹅经常被称为"驴子企鹅"。原因是这种企鹅在岸边常常像驴一样仰着头，发出很大的啼叫声。但是当它在水里没受到惊扰时，叫声会变得很严肃而且很低沉。潜水时，这种企鹅的双翼跟鳍一样，起到划水的作用。上岸之后却又用前肢。企鹅在抓鱼时，只需轻轻一跳，就可以浮出水面呼吸空气，之后又飞快地钻进水里。

企鹅，已知全世界的企鹅共有17-18种，多数分布在南极地区，而其中的汉波德企鹅、麦哲伦企鹅与黑脚企鹅分布在纬度较低的温带地区，加拉帕戈斯企鹅则接近赤道；完全生活在极地的只有帝企鹅和阿德利企鹅两种。

前面我讲过生存在福克兰群岛的动物群，除了我说过的几种之外，岛上还生存着两种雁群。一种在全岛都很普遍，叫麦哲伦雁，这种雁一般是小群体群居，靠植物类的食物为生。麦哲伦雁不喜欢迁徙生活，只在福克兰群岛外围的小岛上安家。人们推断，麦哲伦雁之所以这么做，是因为担心狐狸的攻击。另外一种雁因为非常喜爱在海边居住而得名，叫岩礁雁。这种雁不仅分布在福克兰群岛，而且从美洲西海岸向南延伸一直到智利，都有其生存的迹象。

除了这些动物之外，岛上还有很多庞大的大头鸭。这种大头鸭的体重能达到十几公斤，用脚游泳的姿势非常奇特。它们的两个翅膀很小，飞不起来，不过大

福克兰群岛上农场一景

头鸭边划水边用翅膀拍打水面，前行的速度仍然很快。游水的样子仿佛像普通家鸭被狗追逐时狂奔的情景。但是根据我的观察，大头鸭的两个翅膀不是像其他鸟类那样一起扑打，而是两个翅膀轮番扑打的。大头鸭在水里扑动得很不灵巧，所以发出的声音和溅起的水花非常有趣。

在考察福克兰群岛时，我还对低级海生动物观察了很多次。其中一种漂亮的小珊瑚令我很感兴趣。这种漂亮珊瑚的所有细胞上面都长着一根刚毛，刚毛呈长齿形而且运动速度非常快，交换摆动也很有规律。晚上，当我用手随便抚摸珊瑚枝的一部分时，都会有绿色磷光从整枝发出，我从来没见过这种光彩夺目的姿态。更引人注意的是，磷光总是闪动着从树枝的底端慢慢移到顶部。

第十二章
火地岛部落

> 火地岛人的皮肤呈现的是灰暗的红铜色，他们身上也只穿了一件羊驼皮做成的斗篷，驼毛披在外面。他们经常把这种斗篷甩到肩膀一边，弄得身体半露半掩的。

在前面我已经叙述了，关于考察巴塔哥尼亚和福克兰群岛两地的地形。接下来，我讲一下刚到火地岛时的情形。1832年12月17日刚过中午，我们贝格尔舰绕过圣迪戈角后，进入了有名的勒梅尔海峡。岛屿的轮廓已经依稀显现在云雾中。贝格尔舰下午停泊的地方是好运湾。船进入海湾时，我们受到了火地岛人的热情欢迎。

火地岛人是一个还没有被开化的种族。海面上有一个比较突出的悬崖，这群火地岛人高坐在那里，身体的一部分被茂盛的森林遮掩住。当贝格尔军舰从他们身边行驶过的时候，这些人变得兴高采烈，一边大声叫着，一边挥舞着自己的破烂衣服。他们跟着我们的船一起向前走。天色还没有彻底黑下来，我们远远地望见了他们的火堆，又一次听见了他们粗野的喊叫。好运湾的风景非常美，半面环山，圆圆的低矮的山顶，山上到处都是郁郁葱葱的森林，一直绵延到海边。如此景色跟我们之前看到的有很大的不同。晚上，突然狂风大作，从山上吹来的一阵阵暴风席卷了我们。这种情况要是发生在海上，我们多半已经出事了。但是现在，我们同以前的那些航海家一般，有充分的理由把这里称为好运湾了。

第二天早上，舰长派遣一队人去联络火地岛当地的人。我们向他们走近时听见了人声，这时从对面走来4个火地岛人。其中一个人非常高兴地大声叫喊着向我走过来，表示愿意指引我们登陆。讲话的是一个好像是家族之长的老人。剩下那三个年轻力壮的人，身高都在6英尺左右。这些火地岛人，跟在西面较远地方居住的瘦弱人种截然不同，倒是比较接近在麦哲伦海峡一带居住的巴塔哥尼亚人。火地岛人的皮肤呈现的是灰暗的红铜色，他们身上也只穿了一件羊驼皮做成的斗篷，驼毛披在外面。他们经常把这种斗篷甩到肩膀一边，弄得身体半露半掩的。

那个老人用一条白色羽毛做成的带子扎起自己杂乱的黑发。他的脸上画着两条宽阔的横带纹，鲜红色和白色各一条，第一条从左耳画到右耳，连中间的嘴唇也被涂抹上了；第二条的颜色白得像粉笔一样，画在额头上与第一条平行的位置，白色区域包括眼睑的地方。另外两个人脸上，则画着与其他人不同的黑炭色的线条。

火地岛人

我们送给这些火地岛人几条深红色的布，他们毫不犹豫地把布围在脖子上。结果，我们很快就成了好朋友。他们用比较独特的方式表达自己的友情：那个老人的嘴里，发出了一种像人们喂鸡时发出的咯咯声，同时走过来拍了拍我们的胸口。我和这个老人搭伴走在路上时，他又几次采用同样的方式向我们表达他的友情。最后，他用手在我的背部和胸部同时重重地拍了三下。之后，他袒露胸膛，想让我也用这种方法向他回礼。我按照他的要求做了，他显得特别高兴。

模仿，对于这些火地岛人来说非常容易，无论我们做出咳嗽或者打哈欠之类的任何一种动作，他们立刻就像模像样地学起来。我们当中的一个人故意做着斜眼看人的动作，一个火地岛的年轻人立刻就轻松地模仿出了更可怕的怪样。我们打招呼用的话被他们学得特别像，而且他们还记住了一些时间。但是，我们欧洲人心里很清楚，外国语言中，每个语音辨别起来是多么困难。举个例子，我们这些人中间，又有谁能把美洲印第安人的语句模仿出来呢？哪怕只有三个字以上的语句。

在进行对火地岛的考察时，我想进到这个岛屿的内部。火地岛可以被说成是一个山地地区，它的一部分已经沉到海中。因此，如今深水的海口和海湾取代了过去的河谷。除了西岸比较空旷，其他从山坡到海边的地面上都长满了茂密的森林，树木的生长区域一直延伸到大约1500英尺高的地方，山顶上的积雪常年不融化。这里的土地几乎找不到一块是平坦的，即使

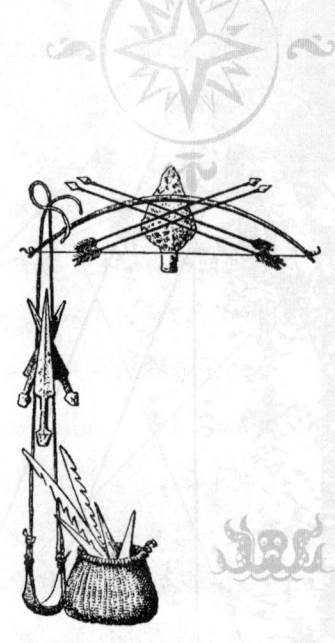

火地岛人的工具和武器

两处相对平整的地方，地面会被一层松软的泥炭土覆盖。而在森林里，一层厚厚的腐烂物也将土壤遮盖得严严实实，这些看不到的土壤被水浸透了之后，一旦踏上去，就会让这层"地面"缓缓地陷下去。

　　眼看着穿过森林是没有希望了，于是我们改变路线，顺着山上的一条溪流往前行。起初，溪水旁的瀑布和很多倒下的树木，让我走起来特别困难。但是由于曾经有洪水的冲刷，河床渐渐地变得宽阔起来。这之后的一个小时内，我还是顺着那突兀的河岸慢慢前进，虽然觉得非常辛苦，可沿途我看到了周边壮丽的风景，心里也就满足了。峡谷里的光线很暗，到处都是形状很大且不规则的岩块，以及倒在地上的树木。有些树木虽然看似还直立着，其实树心已经腐烂，马上就快倒了。在这里，腐朽植物和生气勃勃的植物间相互交织，让我不禁想到了热带雨林。我沿着河流一直走，到了一个非常特别的地方。当初山坡上发生了巨大的山崩，劈开了一条道路。由此上山，能走到很高的地方，进而将树林的景色一览无余。这里所有的树木都是"常绿山毛榉"，这个物种隶属于山毛榉科。这种山毛榉的树叶常年不会凋落，只是叶子呈现的淡褐绿色比较特殊，另外还带一点黄色的色调。这些都让周围的景色显得特别阴郁、凄凉，就算是

火地岛人的棚屋

阳光普照，这里的森林也不会多一点生气。

有一座大约 1500 英尺高的山矗立在这个海港的一边。舰长费兹·罗伊为了纪念已经遭遇不幸的约瑟夫·班克斯先生的考察队，将其命名为班克斯山。山脚下的花草不多，所以我想去到山顶采集高山植物。我们还继续走昨天经过的那个溪流，往前一直走到它的尽头。之后，我们无奈而毫无头绪地在树林里向上爬。这些树木因为受到高地上的风猛烈吹袭，都长得特别低矮、粗壮，还有点扭曲。从远处看，我们即将到达的绿草地就像一块毛毡似的。可走近一看，原来只是一大片密集的小山毛榉林。它们长得很紧凑，仿佛是一个庄园的篱笆。这片看似平坦的地面，实际上崎岖不平，我们不得不绞尽脑汁地想办法爬过这里，最后到达山顶。

我们在山顶看到：一座几英里远的山和班克斯山，被一条山脊连接在一起。它比班克斯山要高出好多，上面还常年积雪。因为距离天黑时间还长，我决定去看看那座山，顺便沿途还能采集一些植物。这里要是没有一条山路，想要过去真的是难上加难。幸好羊驼在这里踩出了一条直路，主要因为它们跟绵羊一样，喜欢在一条路上走来走去。到了那座山，我才发现，原来它是这个地区的最高点，海水从它的两侧流入大海。深深的河谷把这里层层的山划分开来，里面的大片森林茂密又阴暗，这种景色看上去不仅宏伟壮观，还充满着神秘感。

12 月 21 日，贝格尔舰扬帆启航，趁着一场罕见的东风，在第二天绕过了

合恩角

火地岛原土著人的茅屋及儿童

合恩角。到了傍晚,海面格外平静,天气晴朗,我们正打算欣赏周围岛屿的美丽风景,可偏偏在夜幕降临之前突然刮起了一阵大风,因此我们不得不回到了海上,这看上去就像合恩角故意在向我们索要一笔买路钱。我们在第二天又靠近了海岸边。这时,我们终于真正见识到了这个著名海角的庐山真面目。一层薄雾笼罩在合恩角的周围,正在酝酿着一场暴风雨。天空中有大块的乌云迅速飘过,接着暴风雨掺杂着冰雹蜂拥而至。遇到这种情况,舰长只好决定先到合恩角附近的棚屋港躲避一下。虽然我们的船已经在棚屋港下锚了,可依旧能感觉到船正在不停地摆动,这肯定是在港湾外围的暴风雨在捣乱。

就在离这个港不远的地方,有一座被称作卡特尔峰的尖顶山。这个棚屋港的名字,源于这儿有几个火地岛人的棚屋。这里的居民主要靠贝类维持生计,所以不得不经常搬家。火地岛人棚屋的大小和形状,完全可以用田野里圆锥形的干草堆来形容。建造一个棚屋,只需要在泥土里插入几根树枝,再在外面覆盖上几束干草和芦苇就可以了。整个过程用不到一个小时的时间,只不过这个棚屋住不了几天就会被丢弃。

我们不禁疑惑:这些还没有开化的火地岛人到底是从哪里来的呢?他们来

这里到底是因为什么呢？或者是当时的北方地区是否发生了巨大的变化，让这些人放弃了良好的生活环境，沿着安第斯山脉这条美洲的脊梁向南迁移，还发明和建造了那些在智利、秘鲁和巴西的部落没有出现过的独木舟，最终到了这个地球上极致荒凉的地方呢？即使有太多的疑问，我们也不得不承认，火地岛人很享受现在的生活，快乐又健康。是自然界把适应能力变成了本能，还让适应的结果继续传承，使火地岛人可以适应这个地区的自然气候和地貌特征。

恶劣的天气让我们不得不在棚屋港停留了6天，再次出海已经到了12月30日。我们刚刚驶进大海，就连续受到了风暴的袭击，同时因为是逆向海流，导致我们的船又漂流到了很远的地方。

一天，我们把帆扯满，迎着风行驶到了达约克·明斯特尔山附近几英里的地方时，又再次遇到了一阵猛烈的风暴。我们只能把帆再收下一部分，让船停在海面上。这时，我看到海浪以惊人的力量扑向海岸，在撞到了岸边的悬崖之后，飞到大概200英尺高的地方。

接下来的几天，我们完全失去了方向感，猛烈的风暴刮起的浪花水幕让我们视线模糊，根本摸不清自己的准确位置。大海露出了自己凶恶的一面，海面跌宕起伏，很像一个起伏的丘陵上面还堆满了雪。在军舰在奋力挣扎时，我却看到一只信天翁迎着风，在风暴中展开双翼滑翔而去。

1月13日的正中午，我们船上的一条捕鲸船突然被一个大浪灌满了海水。于是我们不得已立即把绳索割断，将它丢进了海里。不断的海浪袭击，让贝格尔舰的船舵在期间的几分钟内起不到任何作用。幸好，我们终于恢复了贝格尔舰的平稳状态，能够再次对抗风暴。最后，我们绕过了这个海湾，从风暴的袭击中成功地逃脱出来。

火地岛上的海豹

第十三章
途经麦哲伦海峡

> 令我感到稀奇的是，不论多么坚固的岩石都抵挡不住大西洋凶猛海浪的长期冲击，但这种藻类却能在海浪的冲击下茂盛地生长起来。这种庞大的藻有圆形的茎，部分茎上面有黏液，还有的很光滑。这种藻的茎，能达到2厘米的很少，假若把几根茎缠在一起，就能达到承受几块大石头的力量那般坚韧。

我们在1834年5月底第二次进入麦哲伦海峡东口。这里的海峡两岸几乎全是平整的平原，情形和巴塔哥尼亚比较相似。但向前逼近第二个海峡入口时，陆地上慢慢呈现的地理特征明显是火地岛式。在麦哲伦海峡南面的东岸，有一个像公园一样的地区，将上述两个完全不同的地方衔接在一起。在只有20多英里的范围内，风光竟然发生如此大的变化，实在令人觉得诧异。这个地方的气流速度仍然非常快，没有任何障碍物的阻挡，却跟河水似的，顺着没有任何变

麦哲伦海峡

巴塔哥尼亚人

巴塔哥尼亚人的投石索

火地岛原土著人

化的路线一直前进。

我们上一次拜访格烈高利角时碰见了当地非常有名的，享有"巨人"称号的巴塔哥尼亚人。他们非常热情地款待了我们。巴塔哥尼亚人身材高大人均身高大概有1.8米多，身上穿着羊驼皮大蓑笠，长发飘飘，看着似乎比实际还要高一点。其中几个男人长得比较高，显得其他人稍微低一点，这里的女人身高也是这样。反正是，这的确是我们见过的人种中身材最高大的。他们的面部外形和我曾经见过的在北部地区居住的印第安人十分相似，但他们的外表看上去比印第安人更粗犷和可怕一点。他们把红色和黑色的颜料涂在脸上，其中一个人还在脸上用白色粉末画出圆点和圆圈，看起来跟火地岛人很相似。

第二天清早，我们一拨人又上岸，以物物交换的方法置办了鸵鸟毛和野兽皮。斧头及其他工具与烟草相比，当地居民对烟草的需求比其他要大的多。因此他们只要我们的烟草来交换，而不要我们的武器。在帐篷里居住的所有居民都站在岸边，不分男女老少，情景非常感人，这让我们不得不喜欢这些本性和善的大高个儿。

6月1日，我们停靠在风景美丽的港口。眼下正是南半球冬季的开始，因此景象比较枯燥乏味。这里的空气很朦胧，远望过去只能看见一片模糊的带有白色雪印的树林。在停靠在这儿的这段时间里，我们遇见过两次晴天，运气还不错。晴天时，远处1800多米高的萨米恩托山能看得十分清楚，呈现出非常壮观的景色。有一件事让我感到很奇怪，火地岛的海拔其实非常高，但看上去却不是很高。我觉得这是参照物不一样而导致了视觉上的错觉吧。

塔恩山

塔恩山是附近一带的最高点。在贝格尔舰停泊之后，我决定攀爬塔恩山。我们在一天早上的4点，先乘船来到塔恩山脚下，之后开始攀登。河岸两边比水位线高的地方有森林出现，由于树林实在是太浓密了，所以攀登两个钟头后，我们一直觉得没有登到山顶的机会，后来我们被迫多次使用罗盘来找方向。尽管我们在山地，但是连一个路标都找不到。在如此深的山谷里，弥漫着一片没有任何生机的凄凉景象。山谷之外刮着大风，山谷里却感觉不到一点点风，乃至于长得最高的树木树叶都一动不动。这样的奇特情形让我无法用语言表达。森林里连真菌、苔藓和蕨类等都不生长，到处阴暗、潮湿而且寒冷。从各个方向倒下来的很大的树干在山谷里随处可见，这些树干大部分已经腐烂，而且挡住了山谷里的小路，让人没办法通过。如果你认为这些树干是天然桥梁并准备走过去的话，那么一不留神就会掉进烂掉的树干里面，能陷到膝盖那么深。假如你偶尔想靠在树干上休息一会的话，你会惊奇地发现，这些看起来完好无损的树干早就腐烂得一碰就折了。后来，我们来到了一片矮丛林，沿着没有植被的山脊往上前行，最终攀登到了山顶。

16世纪时的南美土著人

站在山顶向四周眺望，可以看到一些海湾把陆地横竖分开，还有一些没有规律的山脉向四周延伸，山脉底部是很深的淡黄绿色的山谷。山顶上笼罩着烟雾，冰冷刺骨的寒风猛烈地吹着，所以我们不能在山顶久留。下山比上山轻松得多，也许是因为身体重力的原因，

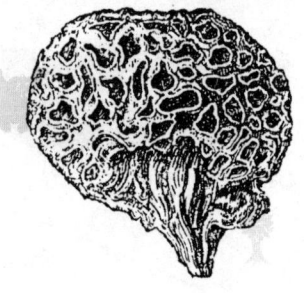

火地岛的球形食用蕈

旋木雀,是雀形目旋木雀科的鸟类。旋木雀嘴细长下弯,尾为很硬且尖的楔形尾,似啄木鸟,后趾和爪特长,擅长攀树,在树干上捕捉昆虫,在裂开的树皮缝隙中筑巢。旋木雀主要分布于全北界及非洲。

所以我们的速度快了很多,就算是摔倒也是往正确的方向走。

常绿森林的特点我曾经讲过。常绿森林里只有两三种树木生长,其他的树木种类都被淘汰了。在森林地带的高处,生长着不少矮小的高山植物,它们一律是从大面积的泥炭土中生长出来的。尽管这些植物和欧洲高山地带的植物有几千里的距离,但彼此却有着亲密的关系。此外,我还看见了一些比其他地方都要高大的树木,其中有几棵周长居然达到13英寸的山毛榉树。

我们应该注意的是,这里还有一种树被火地岛人当做食物的重要来源。这便是一种寄生在山毛榉树身上,球形的鲜黄色食用蕈。这种蕈在发育的初级阶段,表面非常光滑,具有弹性而且饱满。不过等到成熟时,这种蕈就开始渐渐枯萎缩小,表面变得坚硬而且长满了很深的孔,看起来像个马蜂窝。这种食用蕈不同于其他植物属,应该是一个崭新的植物属(在智利的另一棵山毛榉上,我还发现了这个属的另一个物种)。当这种食用蕈到成熟期和变坚硬的时候,火地岛上的妇女和孩子们便开始大规模地采集它。这种蕈具有类似蘑菇的清香,略带一点甜味,能直接生吃,并含有黏液。当地居民除了吃这种蕈以外,还靠一种矮杨梅树的少量浆果来维持生计。

因为这里的气候和植物非常特殊,所以这里的动物种类也比较少。在这里生存的哺乳动物有两种狐、一种蝙蝠和几种老鼠,还有海里的鲸鱼和海豹。在森林里,旋木雀是最常见的。不论是在低地的毛榉林里,还是在高山，或者是在潮湿、阴暗、人烟稀少的深谷里，这种雀随处可见。任何一个人走进这片寂静的树林，都能让旋木雀感到好奇，它们会从一棵树飞到另一棵树地一直地跟着你，并持续不断地发出很尖的啾啾声。它们会在树林闯入者脸前1米左右的地方飞来飞去。由于它们的这些生活习性，所以人们感觉这种鸟的数量比实际数量要多很多。这种鸟跟另一种旋木雀一点也不一样，它们不喜欢藏在隐蔽的地方，也不顺着树干跑，而是喜欢跳来跳去在每一个树枝里搜寻昆虫，跟欧洲鹪鹩很像。

但是，假如我们不看陆地只看海洋，那么你会发觉这里有非常繁多的海洋生物生存，跟生物稀有的陆地正好相悖。有一种很大的藻类海洋生物非常值得一说。不论是在海峡里，还是在大洋中，从极深的海底，一直到退潮时的最低水位，每一个岩礁上都有这种庞大的藻类生存。令我感到稀奇的是，不论多么坚固的岩石都抵挡不住大西洋凶猛海浪的长期冲击，但这种藻类却能在海浪的冲击下茂盛地生长起来。这种庞大的藻有圆形的茎，部分茎上面有黏液，还有的很光滑。这种藻的茎，能达到2厘米的很少，假若把几根茎缠在一起，就能达到承受几块大石头的力量那般坚韧。这种海藻生长的地方，即便不是太宽，也可以形成很好的防浪保护层。人们在面对大海的海港里可以惊讶地看见，当大浪从海面凶猛地扑过来时，一旦有这种海藻的阻挡，就会立刻减小高度，一直到海面恢复平静。

生活在海洋中的生物，有很多都依附这种庞大的海藻生存，确实让人感到惊讶。这类海藻，除了漂在

巨藻，为褐藻门海带目巨藻科巨藻属。其个体长达一百多公尺，因而称为巨藻。巨藻不论在长度上，以及在生长速度上，都可称得上是"世界之最"。分布在美洲太平洋沿岸，属冷水性海藻。

伏里阿湾附近的巴顿岛

海面上的所有叶子,其余的几乎都被珊瑚类生物所遮盖,从而结成一层非常厚的白色硬壳。还有一种简单得像水蛇一样的水螅依附在部分巨藻的表面生存,而海藻表面的另一部分又被复杂的群居动物海鞘纲依附着。另外,还有数不清的甲壳纲动物、很多种贝类以及无贝壳的软体动物依附海藻生存。假如你摇晃几下互相缠在一起的海藻,海胆、贝类、海星、乌贼等生物就会大量地掉下来。因此,每当碰见这样的巨藻,总有一些新鲜奇怪的生物被我发现。还有很多鱼类,栖息在这种巨藻的叶子中间。它们只有在这里才能找到食物和隐藏的地方。倘若没有这种海藻的话,大量的海豹、海豚、鸬鹚以及其他靠鱼生存的鸟都会绝种。

马格达莱纳海道是我们刚发现不久的河道。6月8日清早,舰长费兹·罗伊准备从这个地方起锚离开麦哲伦海峡。我们一直向正南航行,尽管一路上没有逆风,但是天气总不太晴朗。碎片状的乌云很快地翻过山峰,一直从山顶降落在山脚下。从乌云的缝隙之间,我们看到一个接一个时隐时现的景象,很有意思。这里圆锥形的雪堆、锯齿状的山顶以及蓝色的冰川勾勒出的轮廓,在苍白的天空中一高一低时远时近地呈现出来。看着这么美的景象,我们停靠在萨米恩托山旁边的土尔恩角。在高耸陡峭山峰脚下的这个小海港，我们看到一个无人居住的棚屋，由此我们猜想曾经有人到这个荒芜的地区旅行过。

6月9日的上午，雾慢慢地散开。萨米恩托山的真面目最终显现在眼前，我们非常高兴。萨米恩托山是这里最高的山峰，阴暗的森林生长在山的下面，一片雪地从上面一直延伸到山顶。这些常年都不融化的雪堆，仿佛是注定要跟随这个世界一起共存亡。萨米恩托山有着十分鲜明的线条，因为白色的雪山可以反射许多光线，所以萨米恩托山所有部位都没有阴影。几条冰川从山上大片雪地弯弯曲曲地落到海边，样子跟冰封的美国尼亚加拉大瀑布有些相似，这种冰冻蓝色瀑布的景色，跟现实中流水瀑布的景色一样漂亮。这里的河水实在太深，所以没有合适的地方让我停泊，于是我们被迫在这个狭窄的海港里摸黑前行了14个小时。

我们尽可能地往前行进，在6月10日驶入辽阔的太平洋。在太平洋的西海岸上，到处都是又低又矮的圆形花岗岩石头，无数的岩礁散布在主岛的外围海域。我们穿过西符里岛之间和东符里岛之间向北行进。这里因为波浪滔滔，所以被称之为"银河角"。假设在陆地上居住的人到这儿只看一眼海上的情形，那么一个星期都能梦到死亡、翻船或者危险的情形。在这样的印象中，我们永远地告别了火地岛。

麦哲伦海峡

第十四章
智利中部的自然风光

> 我发现气候真的可以决定一个人的情绪变化：当我们看到被云霄遮掩了一半的高山时，内心会产生无比崇敬之情；而看到被明朗天空下的蓝色雾气笼罩着的群山时，心中则会感受到生活的愉快和幸福。两种感受真的是大不相同啊！

1834年7月23日，贝格尔舰在深夜到达智利的重要海湾——瓦尔帕莱索湾，我们停泊在那里。第二天清晨，在感受过火地岛的那种荒凉之后，我们对这里的一切都感觉特别舒适。干爽的空气、明朗而蔚蓝的天空、灿烂的阳光，大自然把它的生机勃勃展现得淋漓尽致。站在我们停船的地方向远处眺望，景色优美迷人。这个城市建筑在一条1600英尺高的险峻山岭脚下，所以它有一条长长的平行于海港的街道。街道上的房屋都比较零散，但凡沟渠的两边都盖着很多房屋。周围的圆顶山丘表面上只有个别地方长着稀少的植物。山丘的表面被雨水冲刷出好多条小溪，里面的红壤清晰地显露了出来。那些白墙低瓦的房屋有了这种环境的衬托，让人情不自禁地想到了特内里费岛上的圣克鲁斯。远眺东北方向，安第斯山脉的优美姿态尽现眼前，若站在附近的山丘望过去，那些山会显得更加宏伟壮丽。

对于一个博物学家来说，其实瓦尔帕莱索本身没有什么具有研究价值的丰富材料。漫长的夏季，这里不断地吹来南风，所以没有丝毫的雨水。可是在短短三个月的冬季，这里的雨水出奇地多。正因为如此，本地的植物非常稀少，

智利风光

智利阿塔卡大沙漠

只有几个幽深的山谷里长着一点树木,山丘上长着一些稀疏的草类和少数低矮的灌木而已。生长着茂密森林的安第斯山脉东侧,就在距离这里约 350 英里以南的地方。我去采集标本的时候,曾经徒步走了很长的几段路。那里生长了好多美丽的花,各种各样的草,还有香味奇特的灌木,这些情况都和大部分气候干燥的地区是一样的。所以,当一个人穿过那些草木芬芳的地方后,连他们的衣服上都会残留袭人的香气。待在这里的这段时间,我每一天看到的都是晴朗的天气,对此我感到惊讶不已。因为我发现气候真的可以决定一个人的情绪变化:当我们看到被云霄遮掩了一半的高山时,内心会产生无比崇敬之情;而看到被明朗天空下的蓝色雾气笼罩着的群山时,心中则会感受到生活的愉快和幸福。两种感受真的是大不相同啊!

从地图上看智利,它位于安第斯山脉和太平洋之间,是一块狭长如带的土地。这片土地横穿了附近几条与主山脉平行的山脉。处于安第斯山脉的主脉和其他几条山脉中间,有一些连续展开的平坦盆地,各个盆地之间连接着一些狭窄的山道。在这些盆地中,建立的几个重要的城市有:费利佩、圣地亚哥和圣费尔南多。其实这些盆地也可以叫做平原,它们中间横贯了许多平坦的河谷,将它们跟海边连接到一起。我认为,这些河口应该就是当时古代那狭长的海口还有深深的海湾底部,就像现在那些将火地岛和西海岸切割了的海岸一样。因此,在陆地和水域的地形方面,古代的智利应该和火地岛很相似。

我们的骑马旅行开始于 8 月 14 日,关键是要对安

第斯山脉山脚部分的地质进行考察。因为现在这个季节，还没有被冬雪覆盖的地方只剩下山脚那部分了。半路上，我们到了一个当地的大农庄，那里的管理人热情周到地招待了我们，还给我们选了一位向导和几匹马。第三天，也就是8月16日，我们开始攀登坎帕纳山。这座山有6000多英尺那么高，又名钟山。山上的小路走起来特别困难，还好沿途有丰富的地质地貌和美丽的风景，这些大大地减少了我们身体上的辛苦。到了傍晚，我们来到了一个叫羊驼泉的地方。这里的地势高，泉水也还在，不过羊驼泉这个名字距离现在应该时间很长了，因为羊驼最后一次到这里来喝水不知道是多少年前的事情了。我们爬上山，发现只有一些灌木生长在山坡的北面；而山坡南面生长的竹林却足足有15英尺那么高。少数地方还生长着一些棕榈树。棕榈树和与它同科的植物相比起来，真是难看十足。它们的树干很粗大，中段比上下两端粗很多，形状特别奇特。这种树在智利的一些地区很常见，因为它的树汁可以做成一种糖浆，经济价值很高。从一棵长势良好的棕榈树里可以获取到400升的树汁，而盛这些树汁的容器必须是用树干做成的十分干燥的容器。将这种树汁进行煮沸浓缩，就形成了口感极好，味道很甜的糖浆。

　　第二天，我们在山顶上待了一整天，我可是从来没有享受过这种生活。地图上的智利被安第斯山脉和太平洋环绕着。这种自然风景带给我们的快乐已经够多了，何况还有这曲折的山脉和纵横其间的宽阔峡谷呢？我们不禁惊叹，那种让高山赫然隆起，又将其化

智利仙人掌

棕榈树

成碎块，接着又变成沧海桑田的力量，还有这些变化所必须经历的悠悠岁月！如今，我们会毫无疑问地说，万能的时间真的会把巨大无比的安第斯山脉变成一堆砾石或者淤泥。

现实中的安第斯山脉跟我曾经想象的一点都不同。山腰上的积雪带和地面呈平行状态，山峰的顶端则和雪线几乎平行。要过很长的一段距离，才出现一群尖顶的山峰或者单独隆起的一个圆锥体山峰，说明这里仍旧存在火山，甚至过去也有。因此，整个安第斯山成了这个地方坚强可靠的安全保护线，形状就像一条绵延不绝的高大坚固的城墙，上面还偶尔带着一些炮塔。

这里的人为了开采金矿，把每座山几乎都挖掘过了。整个智利境内的每个地方恐怕都被这种开矿的热潮给钻探过了。我们在下山的路途中，还经过了几个美丽的地方，那里树林青翠碧绿，泉水清澈见底。我们这次还是借宿在上次那个大农庄里。在这之后的两天里，我们骑马去了基约塔河谷的上游。身处基约塔城内，似乎感觉不到它是一个城市，倒像是一个到处是苗圃的地方。所有的果园里都开满了美丽动人的桃花。我在其中的一两处苗圃中还看到姿态庄严的海枣树。我常常在想，这种树要是生长在它的故乡——亚洲或是非洲的沙漠之中，肯定非常壮丽。

我们在矿区参观了几天，然后在圣地亚哥待了大概一个星期的时间。我们的旅行继续进行，到达卡查普阿尔河河谷的时候已经是9月7日了，在这里，我们参观了当地的考克内斯温泉。这里的泉水因为可以医疗病痛而变得闻名遐迩。它形成的主要原因是高温的地下水从断层中间喷流而出。在喷出温泉的石缝中还伴随着大量的气体，几个泉眼相隔的距离也只有几码。有一个被派来管理温泉的人告诉我，夏季，这里的泉水温度要远远高于冬季。我猜测，可能是因为夏季这个干旱的季节，混合到地下水中的冷水数量有所减少，才导致了泉水相对比较热。

在对智利进行考察时，我们还观察了这里的几种走兽和鸟类。其中就有我们经常能遇到的走兽之————美洲狮。这种动物分布的范围很广泛，从热带森林开始，经过巴塔哥尼亚的荒凉平原，一直到潮湿而寒冷的南方地区，遍布着

它们的身影。在中智利时，我曾经在安第斯山脉10000英尺高的地方见过美洲狮的脚印。拉普拉塔省的美洲狮很少去攻击牛，更不会去攻击人，它们的主要食物是鹿、鸵鸟和其他小型四足兽。可到了智利就不一样了，这里的很多幼马和幼牛都被美洲狮咬死了。而且可能是因为这个地区的四足兽很少，我甚至听说美洲狮竟然咬死了两个男人和一个女人。

据说，美洲狮在猎杀动物时，首先跳到猎物的双肩上，然后用一只前爪扭转猎物的头部，折断它的脊椎骨。曾经在巴塔哥尼亚，我见过几具羊驼的尸骨，它们的头颈都是这样被折断的。吃饱以后，美洲狮就会把猎物用许多大型的灌木覆盖起来，然后卧在旁边看守。这个时候，经常会有很多盘旋在空中的康多鹰不停地向下俯冲，想要趁机偷吃这顿美餐。可是如果激怒了美洲狮，康多鹰就会被美洲狮咆哮着追赶，最后也不得不先飞走了，人们经常会利用美洲狮的这种习性发现康多鹰。黑德爵士曾经说过，如果潘帕斯草原上的高乔人发现天空中盘旋着几只康多鹰，他们就会大喊："狮子！"

美洲狮被人捕杀的几率特别大。在一片空旷的地方，猎人捕捉它的顺序是：先用投石索捆缚住它，再用套索套住它，最后在地面上拖着跑，直到美洲狮昏倒为止。在智利地区，美洲狮通常是先被赶到灌木丛里或者树上，然后用枪击毙它，或者让猎狗咬死它。那些专门捕捉美洲狮的特种猎狗，叫猎狮狗。这种动物身体瘦弱而轻快，猎狮的本领与生俱来。不过美洲狮也很聪明机警，一旦发现有人在猎捕它，它就会按照原来的脚印逃回去，并在半路突然跳到一旁，埋伏不动，等到猎狗们追跑过去以后再找机会逃跑。

这里主要的鸟类是属于翘尾鸟中的两个物种：长足翘尾鸟和白颈翘尾鸟。智利人管长足翘尾鸟叫"土耳其鸟"。它的特征主要表现在：腿较长，尾巴较短，嘴很坚硬，羽毛呈现棕红色。在智利，这种鸟很常见，它在地面上栖息，更习惯在干燥和荒凉山丘上的灌木丛中躲藏。人们经常能看见这种鸟翘着直直的尾巴，用它那高跷般的双腿在两棵灌木间灵活地跳着。它飞起来需要很大的力气，而且不会奔跑，只能跳跃。在智利地区，白颈翘尾鸟的另外一个名字是"塔巴科洛鸟"，就是"遮住后背"的意思。它总是在翘直尾巴的时候，还反过来把自己的头部也遮住,从而遮挡住整个后背,所以这个名字非常适合它。塔巴科洛鸟和土耳其鸟非常相似,比如寻找食物的特征和在灌木丛里迅速跳跃的行动方式,还有它们都喜欢躲藏、飞行技术不好和在地下筑巢的习性。不过,塔巴科洛鸟非常机警,它一旦受到惊吓,就会一动不动地藏在灌木底下。片刻之后,它又会出现在灌木的另一边,动作非常灵敏巧妙。另外,塔巴科洛鸟也是一种很活泼的鸟类,它经常会发出各种各样的叫声,有像鸽子的咕咕声,还有像水沸腾的声音,以及一些很难形容的声音。那里的农民说,一年当中,这种鸟要把自己的叫声改变5次。我想,这种变化应该和季节变化有关系。

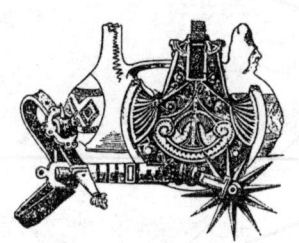

智利马具

第十五章
测量智利南部群岛

> 据说城里有一个判断时间特别准的老人，大家就因此雇佣他用猜测的方法在教堂里敲钟。在这个十分偏僻的地方，我们的到来可以说是一件不小的事情，于是我们在海滩搭建的帐篷几乎吸引了所有居民跑来观看。

1834年11月10日，贝格尔舰启程前往智利南部，以及奇洛埃岛、乔诺斯群岛和特雷斯蒙蒂斯半岛等地区，行程从瓦尔布莱索开始一直往南，主要进行一些测量工作。11月21日，我们在奇洛埃岛的圣卡尔洛斯湾靠港。

在长度大概有90多英里，宽度不到30英里的奇洛埃岛上，几乎都是丘陵，不过这里的山都不太高。在一片小茅屋的周围是一些绿色的草地，因为它周围的树林已经被砍完了。除去这一片，整个岛都覆盖着很大的森林。远看起来，跟火地岛的景色有点像。但是走近看，岛上森林的美丽景色真的无法用言语表达。这里各种不同的漂亮的常绿树以及热带植物，代替了经常出现在南美洲南部海岸的山毛榉树。这里夏天的气候还行，但是冬天的气候非常坏，而且雨水特别多，全世界的温带地区没有几个能超过这里的降雨量。奇洛埃岛的风非常大，几乎每天都是乌云密布，假如能连续一周都是晴空万里，那用"奇迹"二字来形容一点都不为过。

根据岛上居民的皮肤颜色和低矮的身躯可以断定，印第安人血统的居民大约占四分之三。这里的人非常勤快，谦逊平易近人。因为这里的气候跟别的地方不太一样，所以并不适合那些需要吸收很多阳光的植物生长。但是这里的土壤是由风化的火山岩形成的，所以很肥沃，仍然有茂密的植物生长。这里的牧草很不丰盛，体型很大的四足兽很难成活，所以猪肉、鱼类和马铃薯成为当地人的主要食物。这里的每个人都穿着用羊毛做的呢子衣，每家人家都纺制这种羊毛，而且用近乎青色的蓝色染料把羊毛呢染成深蓝色。然而，他们的工艺水平还很原始，不单是纺织，他们在造船、磨谷及耕作方式等方面的工艺水平也一样原始。

　　岛上的森林异常繁密，根本无法穿行，耕地也很稀少，只有周围的岛上和海边附近的土地能够耕种，其他地方很难找到。因为这里的土地通常是松软潮湿的，所以就算是有一条小路，也很难行走。这里的居民一般都是在海滩边行走，或者借助小船前行，这一点跟火地岛人相同。尽管这里有富饶的食物，然而他们的生活依然很贫困，以至于底层的居民没有足够的积蓄，仍然被迫使用物物交换的方式来进行买卖交易。

　　11月24日，一条捕鲸船和一条舢板受命于贝格尔舰，前去奇洛埃岛的东海岸进行测量。依照指令，他们必须与贝格尔号在这个岛的南端集合，但贝格尔号会顺着外岸驶向这个岛的南端，这样做就可以很轻松地量出奇洛埃岛的周长。我也参与了这次考察，但没有船让我乘坐，只租用了一匹马去考察这个岛北端的查考村。这里有很多沿着海岸铺设的路，会穿过很多遍布美丽树林的海角。因为阳光很难透过树叶，所以阳光照不到的地面很潮湿、松软，人和马都没有办法通行，唯一的办法就是用一根根方木铺成小路行走。查考村周围是一片平地，因为村子周围的森林已经被砍伐完了。以前，这里是奇洛埃岛的主要港口，但总是有船因为海峡里的暗礁和水流而遇难或者沉没，所以政府下令让居民都移居到了圣卡尔洛斯。

　　11月26日的天气很好，晴空万里。我看到股股浓烟正从奥索尔诺火山喷出。这是一座类似正圆锥体的活火山，矗立在安第斯山脉前面，皑皑的白雪覆盖着山顶，看起来很美丽。之后，又有两座活火山映入我的眼帘，其中的一座形状像马鞍，一股股细小的蒸汽柱从很大的火山口喷出。三座活火山的海拔均在2100多米以上。继续向南望，还矗立着几座被白雪覆盖着的圆锥形山峰，可

安第斯山脉的火山

以肯定它们也是火山,但是不知道它们现在是否还是活火山。

11月30日,我们到达卡斯特罗,这儿是奇洛埃岛以前的首府,但是现在已经非常凄凉。一群羊正在啃着广场和街道上茂盛的野草,虽然用木板建造却仍然气势恢宏的教堂屹立在城市中心。目前,还有几百人居住在这个城市,然而我们却买不到一把普通的刀子或一丁点糖。由此可见,当地居民的生活是多么困苦。在所有的居民家中,找不到一个可以准确计时的时钟。据说城里有一个判断时间特别准的老人,大家就因此雇佣他用猜测的方法在教堂里敲钟。在这个十分偏僻的地方,我们的到来可以说是一件不小的事情,于是我们在海滩搭建的帐篷几乎吸引了所有居民跑来观看。他们不仅送了一桶苹果酒给我们,还提供了房屋,以示友好。

在这之后的几天里,我们继续向南进发。我们在12月26日抵达圣佩德罗岛,同时把贝格尔号停靠在这里。当绕过海角时,我们曾经让两个队员先到岸上,用经纬仪测量了各地的方位。一次,我们在这里的岩石上发现了一只黄腿狐。

黄腿狐

据说，黄腿狐是一个新物种，只有这个岛上才有，不过数量很少。我趁它专心注视队员们测量方位时，偷偷地走到它身后，之后用地质锤猛击一下它的头部，结束了它的生命。显然，这种狐狸不太机敏。黄腿狐比大多数狐狸都要罕见，所以有非常高的科研价值。目前，英国动物学会的博物馆里已经陈列了这只狐狸。

我们在这个港口驻留了三天。有一次，舰长费兹·罗伊打算带一队人登上圣佩德罗山的山顶。这里的树木不同于岛北面的树木，质地和岩石也和北面不太一样。这里只有陡峭的山坡一直垂到海平面以下，没有海滩。所以，这里的景象跟奇洛埃岛截然不同，不过跟火地岛倒是有些相似。我们原打算登上顶峰，但是没有成功。原因是这里的森林太茂密，四处全是死树与活树错综交织着。不亲眼见的人根本想象不到，10分钟之内，我们的双脚总有几次是不挨地面的。鉴于这种情况，我们被迫在距离地面3米多高的树木上前行，于是水手们寻开心地说，我们仿佛是在探测水深一样。偶尔，我还得从腐烂的树干下面一个接一个地爬着过去。

红雪松

这里不仅生长着叶子有香味的月桂树，还有名贵的文特尔树以及一些我不知道名字的树。蔓生的竹藤将这些树交织在一起，弄得我们好像一群挣扎在网里的鱼。在这座山峰的高处，高大的树木被灌木林所代替，生长着许多红雪松。另外，在300多米高的山坡附近，我们惊喜地看见了我们的老朋友——生长在南美洲的山毛榉树。但是，这里所有的山毛榉树都发育不良。据此判断，这里向北的附近区域，差不多就是划分这种山毛榉树的南北界限了。最终，因为道路太过崎岖坎坷，我们只能扫兴地放弃了登到顶峰的计划。

　　12月11日，贝格尔舰从圣佩德罗岛出发，往南继续行驶。过了几天，狂风暴雨再次袭击了我们。这次的风雨跟前一次火地岛的遭遇相比，真的是相差无几。一层层浓厚的白云堆积在深蓝色的天空里，白云旁边迅速地飘过一块块像黑色破布片一样的乌云。绵延的山脉看上去就像朦胧的黑影，森林中透进了落日的黄色微光，就像正在燃烧的火焰。海水中浪花飞溅，到处都是白色，船帆被风吹鼓得一会儿平静，一会儿怒吼。当时的景象凶恶又威严。乔诺斯群岛南面有一个瓜雅特卡斯海峡，贝格尔号就是提前行驶到那里才躲过了一场灾难。几分钟过后，一条明亮的彩虹出现在天空中，海面上的浪花散开后，彩虹的形状由半圆形变成了圆形。这条七彩颜色带向圆弧形的两端延伸，穿过海湾，一直向军舰的一边靠近。

　　我们在这里驻留了三天，天气依然是一如往日地不好。这里的岛屿上根本没办法行走，海岸十分不平坦。如果想在海岸上前行，就一定得在很尖的云母石上爬来爬去。再说这里的森林，我们仅仅是试着想穿过它，手上、脸上和腿上就留下了许多伤口，这足以表明这个地方不可进犯。

　　从瓜雅特卡斯海峡起航后我们一直行驶，当终于能在特雷斯蒙蒂斯半岛最北端的群山下一个舒适的小港停靠时，已经是年底了。第二天一吃过早餐，我们便向近处一座2000多尺高的山峰挺进。硕大坚硬的花岗岩组成了这里山脉的主要部分。由于历经了很多个世纪，所以覆盖在花岗岩表层的云母板岩被侵蚀成的突出物呈现出各种奇特的手指形状。虽然这两种岩石的构成不同，但都没有植物生长在上面，就算对于像我们这些游览过很多大森林的游客来讲，忽然见到这种寸草不生的情景，难免还是会有些吃惊。能研究这些山峰的构成，我非常高兴。

　　在地质学家的眼里，花岗岩是很远古的地质层，它们不仅分布很广，而且构造非常美丽细致，因此在很古老的年代，多数岩石没被人类认识之前，花岗岩就被人类认识了。花岗岩的起源问题也比其他岩石的起源问题更能引起争议。

　　1835年1月1日，新年到了，当地居民选择用他们古老的方式庆贺这个节日。

我们内心中也希望,不要让我们停留到年底,但愿在我们到达太平洋海域的时候,看到的是一个万里无云、碧空如洗、真真正正的蓝天。贝格尔舰一路向北沿着海岸行驶,终于在 1 月 7 日那天到达了乔诺斯群岛北端的洛氏港,我们一共在这里停泊了一个星期。像奇洛埃岛那样,这里的岛屿上也生长着美丽而茂盛的植物。从岸上到海滩,都是绿树苍翠的森林,就像在弹石路两旁种的那种常绿树丛的一样。站在停船的地方远望,我们看到了安第斯山脉那四个大型的堆满积雪的圆锥形山峰。岛屿海滩附近的土壤都是贝壳质沙土,非常适合野生马铃薯的生长,生长在这里的野生马铃薯数量很多,其极叶的高度甚至可以达到 4 英尺。

乔诺斯群岛的岛屿分布非常广泛,而且十分散乱,所以岛上的动物很少。其中,沼地狐狸是主要的四足兽。这种狐狸拥有着非常漂亮的皮毛,它的皮毛常常在拉普拉塔省一带被用来出口贸易。这种动物喜欢生活在咸水里,生活习性类似于水豚。

另外,还有非常多的小海獭生存在这一带,它们和海豹一样,不吃鱼类,独爱小红蟹。因为小红蟹常常在浅海滩出现,抓起来比较容易。

红蟹,又称红地蟹,是生活在东南亚的紫蟹的变种,属于杂食性动物,平时以软体动物为食,寿命可达 35 年。圣诞岛红蟹则以他们的每年往海迁徙产卵而闻名。

第十六章
瓦尔迪维亚大地震

> 此处遭到破坏的村庄有70座，没有一处房屋不倒塌的。在海岸边，随处可见的都是木梁和家具，好像这里有1000只大船遇险。除了有无数桌子、椅子和书架的碎片，海潮还卷来了几个村庄的屋顶。我绕着这个岛徒步走了一圈，看到很多附着海生生物的岩石碎块。

贝格尔号在1835年1月15日那天从洛氏港开始起航。当我们第二次停泊在奇洛埃岛上的圣卡尔洛斯湾时已经过去了三天的时间。在19日的夜里，我们亲眼看到了奥索尔诺火山的爆发。那是在子夜时分，负责值班的军官发现了一个巨大的东西，类似星球一般，而且体积一直在增大，光芒四射，就这样持续到3点钟左右，它放出了庄严的光辉。我们用望远镜观察到，有一些黑色的物体在那鲜红色的闪光中不断地在空中被抛起又落下。在水面上，非常强烈的闪光留下了一个长长的明亮的倒影。这一段属于安第斯山脉的火山口，可能经常会有大块的熔岩物质喷发出来。因为我曾经听说，当柯尔柯瓦多火山喷发时，会抛出来很多大块的物质，它们在空中爆裂，分散成各种奇形怪状的小块。次日清早，奥索尔诺火山渐渐地停止了喷发。

后来我听说了一件事情令我惊讶不已，位于智利的阿空拉加火山居然也在同一天夜里发生了喷发，而从这里到智利，少说也有480英里的距离。还有一件更加令我惊奇的事情，上面的火山爆发后不到6个小时，科西基纳火山也发生了大爆发，同时还引发了地震，波及范围达1000英里。这两个火山同时爆发

智利的阿空拉加火山口

的情景确实令人惊奇，因为距离上次科西基纳火山爆发已经有26年的时间了，而阿空拉加火山之前也没有什么喷发的迹象。人们难以猜测，这种情形的发生到底是一个偶然呢，还是地面下有什么特殊的联系？这三个火山口位于同一条巨大的山脉上，根据沿着东海岸的广袤平原和西海岸的长度达两千多英里新上升的贝壳层，说明这种地质确实具有均匀的上升力，而且紧紧相连，互相牵引。

舰长费兹·罗伊派遣我和金先生骑马去卡斯特罗，然后横过那里到达西岸的库卡奥教堂，这都是因为他很想在奇洛埃岛外海岸的几个地点测定方位。此次出行，我们为自己雇佣了一个向导，还租了一些马匹，在1月22日那天开始启程。刚开始，我们在路途中遇到的大部分都是山丘和河谷，而到了卡斯特诺附近，开始变成了平坦的地面。这里道路修造的方式非常巧妙，除了少数的几段道路，其他都是采用大木块、宽阔的木块或者狭长的木板铺砌成的。相对而言，这条路在夏季的时候是比较容易通行的，但是到了冬季，路面上的木块就会因为下雨而变得特别滑，在上面行走也会随之变得困难重重。这个季节里，沿路两旁的地面通常就会变成一片沼泽，所以必须把平铺的木块用斜木桩固定在地面上，木桩则要钉进两边的泥土中。生存在奇洛埃岛上的马行走起来特别灵活，这种习惯的形成让我非常惊奇，路面上的那些木块都已经分散开来了，可它们却能从上面跑过去，而那在两个木块之间跳跃的样子，迅速而稳健，就像狗那样。

1835年大地震所毁坏的康赛普西翁大教堂

生长在道路两旁的森林树木都非常高大，它们的底部和竹藤相互缠绕，让你沿着这条林阴大道望向远处时，会感觉无比整齐。

2月4日，我们从奇洛埃岛开始出发，向北航行。在前一个星期做的一次短途旅行时，我去对一大片现存的贝类层进行了考察，目前它已经上升到海拔350英尺的地方，上面还生长着一大片森林。一想到奇洛埃岛那阴冷的冬季和连续不断的降雨，我们大家都很乐于离开这里。不过除了这些因素，奇洛埃岛也有值得留恋的地方，比如当地居民的朴素和谦虚有礼，都是非常吸引人的。

我们这一次的航行是沿着海岸一路向北，但是因为途中的浓雾，导致我们在2月8日才抵达瓦尔迪维亚。这个城市很隐蔽，它处于河流低矮岸边，被一片苹果树林遮挡起来，因此果园中的林荫道其实就是城市的街道。道路两旁，有很多非种植的小苹果树。住在瓦尔迪维亚附近的一个老人，曾经用自己采集的苹果制作成了很多有用的东西。苹果露和苹果酒都是他的苹果制品，此后他又从苹果的渣滓中提取出一种白色的酒精，并且在用了其他方法后，他还得到了甜蜜的糖浆。据他说，这糖浆是一种蜜。他的格言是："需要是发明之母。"这些东西也确实证明了他的格言。1835年2月20日，据瓦尔迪维亚的编年史记载，是一个非常值得纪念的日子。这一天发生了前所未有的大地震，就连当地年纪最大的居民也从没有经历过这么强烈的地震。我当时躺在海边的一个森林里休息。地震就在这时突然发生了。只有短短的两分钟，但从感觉上讲，却不只两分钟，时间要比这长得多，地面的摇动非常明显。关于地震的震波，有的人认为是传自西南方向，而我和我的同伴则认为是传自正东方向。这时想要站直身体很容易，只是这种震动让我感觉头昏眼花，犹如坐在一条逆流行驶的小船上，或者更像是一个人在薄冰上滑动，而冰受到了身体重量的压迫开始慢慢地弯曲起来似的。

在我们脑海中，对于一些地球的想象特别深刻，而这些想象都被这场强烈的地震打破了。脑海中原本认为地球就是坚固可靠的象征，而如今却像是液体上的一层薄膜被我们踩在脚下，不停地摇动。就在这一瞬间，一种奇怪的动摇不定的思想油然而生，而平时恐怕花上几个小时的时间也不会产生。因为我是在森林中，感觉到的也只有地面的震动，其他的实际效果是看不到的。此刻，舰长费兹·罗伊和几个军官正在城里，那惊人的景象他们全部都看得到。那里木制的房屋虽然没有倒塌，却摇动得十分可怕，有的木板随之破裂，还发出轧轧的响声。所有的军民都非常恐慌，全部冲到门外。每一个亲眼见过和感觉过地震效果的人，在看到了当时的情景之后，都会对地震产生恐惧心理。

地震发生时，海潮受到的影响也非常奇特。这次地震恰恰发生在退潮的时候，海滩上当时还有一个老婆婆。事后她告诉我，当时海水快速地流到了水位标线偏高的地方，但是波浪倒不是很大，接着又回到正常水位。晚上，又有很多次比较轻微的地震发生，似乎引起了海港中很混乱的潮流，同时也发生了几次比较强烈的震动。

此后，3月4日那天，贝格尔舰驶进康赛普西翁港口时，我提前到了基利基那岛，骑马迎接我的是那里农庄的主管，他向我讲述了发生在上个月的大地震时这里的可怕情景。此处遭到破坏的村庄有70座，没有一处房屋不倒塌的。在海岸边，随处可见的都是木梁和家具，好像这里有1000只大船遇险。除了有无数桌子、椅子和书架的碎片，海潮还卷来了几个村庄的屋顶。我绕着这个岛徒步走了一圈，看到了很多附着着海生生物的岩石碎块。很明显，这些岩石不久之前肯定是在很深的海底，如今却被高高地抛到了海滩上。我看到的最大的岩

石长度 6 英尺，宽度 3 英尺，厚度 2 英尺。

我们在这个岛上将地震的摧毁力量看得是清清楚楚。好多地方的地面上都裂开了一个南北走向的缝隙，有几条巨大的缝临近海边悬崖，足足有 1 码宽。悬崖上许多巨大的岩石都崩落到海滩上，当地的居民认为，若是到了雨季，还会有更大的坍塌发生。这个岛主要是由坚硬的原始板岩构成，而它受到地震的影响也很明显。有几条狭窄的山岭，表面都已经破碎成碎片了，看着就像它被火药炸过一样。我相信，基利基那岛的体积已经被这次地震影响得缩小了不少。就算有平时海水和恶劣天气腐蚀 100 年，腐蚀程度也难以达到现在这种缩小的程度。

我在第二天从塔尔卡瓦诺港上岸，然后选择骑马的方式去了康赛普西翁。这两个城市的景象可怕至极，绝对是我一生中从来没有见过的。现在这里到处都是横七竖八的断壁残垣，根本没有地方可以居住，但凡到过这两个城市的人都无法想象。幸好地震发生的时间是在上午 11 点半，人们在感觉到地面发生动摇的时候迅速地撤离到门外，要是发生在夜里，死亡人数也就不仅仅是 100 人左右了。原来完整的康赛普西翁城现在已经变成了一堆堆的废墟；而巨大海浪冲击之后的塔尔卡瓦诺港，同样是除了有一大堆砖瓦和木梁以外，能够看见的也只有几处残留下来的墙壁，其他的都无法辨认了。

这一次地震的发生，事先没有一点征兆。基利基那岛的那位主管对我说，当时他正在骑马外出的路上，突然一下连人带马一起滚倒在地，这时他才意识到地震了。此时的海岸边，正站着几头母牛，结果地震把它们全部都抛到海里去了。在海湾尽头附近有一个小岛，海水在那里卷走了 70 多头牛，它们也没有逃脱被淹死的命运。据统计，在这次大地震之后，发生的无数次轻微的余震至少有 300 次，历时十几天。

后来，英国领事罗斯对我说，大地震发生时他还在吃早饭。产生第一次震动的时候，他非常机警地逃向门外。可是他还没有跑到院子中央的时候，房子的一边就已经轰隆隆地坍塌下来了。幸好他此时让自己保持头脑清醒，认为只要到达已经坍塌的废墟上，就能安然无恙。可是地面的摇动让他根本无法站直身体，所以他开始手脚并用地向那边爬行。正当他要爬上一个废墟时，房屋的另一边也倒塌了下来，大木梁从他的脑袋旁急速地掠过，接踵而来的是一阵铺天盖地的灰尘，他的双眼睁不开，嘴里也灌满了尘土。最后，他坚持着跑到了大街上。但是震动还没有停止，所以废墟旁根本没有人敢靠近，也没有人知道自己的亲戚或者朋友会不会有人因为得不到帮助而死亡。

  我认为，要想真切地表达出我在康赛普西翁等地亲身经历的感觉是很困难的。任何地方的繁荣都经受不了地震的毁灭。这次地震发生后没多久，就有人发现，在三四英里以外的海面上有巨浪发生。开始海湾还算平静，可等到海岸上冲来了巨浪，一切都变了，所有的房屋和树木都开始倾倒，甚至连炮台上那一门4吨重的大炮也被海浪推出了15英尺。远在海滩200码开外的地方，还发现了废墟中有一条小帆船。另外一个地方，有两只相互靠在一起停泊的大船，巨浪把它们冲得不停地旋转，缆索还有三次缠绕在一起。它们原本是在30多英尺的深水处选择了下锚的地点，可仅仅几秒钟之后，它们就已经在暴露出的海底搁浅了。

  我常常想，如果像这种活跃的地质活动发生在英国的地面下，会有什么样的情况产生呢？那些高大的房屋、众多人口的城市、大型的工厂、漂亮的公共建筑物和私人别墅会变成什么样呢？到那时，恐怕所有的英国人民会立即破产，所有的文件、记录和账簿都会被毁灭。任何一座大城市都会发生饥荒，随之而来的还会有传染病和死神。

第十七章
翻越安第斯山

> 离地面有3000英尺的蝗虫群,中心部分大概有20英尺那么厚。它们的两个翅膀扑打的声音,仿佛是狂风刮过军舰时发出的声音。透过飞在前面的蝗虫向上看的时候,天空中立刻呈现出一幅"雕花铜板"的画面。

1835年3月11日,我们抛锚在瓦尔帕莱索。过了两天,我向安第斯山进发。首先,我骑马到圣地亚哥,把所有一定要处理的事情解决掉,那里的卡德娄先生帮助了我。在智利这个地方,能穿过安第斯山脉到门多萨去的山口有两个,一个是比较靠北面的阿空加瓜山口,一般从这个山口去门多萨的人最多;另一个是比较靠南面的坡尔蒂略山口,虽然这是去门多萨比较近的一条路,但是这里地势险峻。

3月18日,我们准备去坡尔蒂略山口。从圣地亚哥出发后,我们跨过一个很宽广的树木被烧光的平原,下午我们抵达马伊布河,这条河是智利重要的河流之一。安第斯山脉第一条山麓的峡谷,两边都是陡峭山地。这一带的土地非常肥沃,许多人选在这里居住,周围到处都是种着苹果、葡萄、油桃和常见的桃树的果园,树上硕果累累,仿佛要把枝条压折一样。这里能通往中央大山脉的峡谷非常少,除了山地,其他地方就连托运的牲口都没办法过去。傍晚时分我们来到一所关卡,关卡的工作人员对我们以礼相待。这里几乎所有的人都非常有礼貌,足够让别人尊敬,这一点很值得一提。

3月19日，我们骑着骡子穿过一个河谷，路过了最高的也是最后的一座房屋。前行期间，路上的居民越来越少。但是安第斯山的河谷地带有一个共同特点，通常能灌溉的土地都很肥沃，因此这里的收成一直都很不错。在路上，我们看到居民正把一群牛从安第斯山脉比较高的河谷赶下下游。这预示着冬天将要来临，我们必须趁着现在还比较适合进行地质考察工作的时候完成工作。黄昏时候，我们在高山下的一个房子里借宿了一晚。3月20日，当我们顺着河谷去上游时，路上只有少数高山植物的美丽花朵还绽放着，很少看到其他种类的植物，更别说鸟类、昆虫和四足兽了，能看到的只有对面很多覆盖着少量积雪的山峰。

傍晚时候，我们来到一个叫耶索谷的平原。这个平原跟别的平原不一样，因为它的形状像一块盆地。平原上有一个很大的白色石膏床，并且部分地方的石膏很纯、很干净，所以这里才被称为"耶索"（就是石膏）。我觉得平原上的石膏床最少有200英尺那么厚。我们和一队来驮运石膏的骡夫在一起住了一晚。听他们讲，酿酒用得上石膏。清早，我们出发得很早，顺着河流继续向前。在我们接近山脚的时候，河床开始变得越来越狭窄。这条河流被山脉分开，河水分别注入到大西洋和太平洋里面。开始的时候，山坡还不是很陡而且很平，所以很好行走，不过后来的路就成了狭窄崎岖的盘山小路。我们清楚，这条山峦就是门多萨和智利两个国家的界线。

几条平行的山脉组成安第斯山脉，所有山脉中，两条最高的山脉就是接近门多萨那边的坡尔蒂略山脉和接近智利的佩乌克内斯山脉。大概中午时分，我们开始了攀登佩乌克内斯山脉的艰辛旅程。不仅我们初次感到呼吸不顺畅，就连骡队也要时不时地休息几秒钟才能前进。这种因为空气稀薄而引发的呼吸很快的现象被智利人称为"普纳"。关于为什么会引起"普纳"现象？当地人给了很多有意思的解释。有的解释说只要有雪的地方就有普纳，有的解释说这里的河流都有普纳。很明显，前一种说法还比较靠谱。我在山上，只有头部和胸部胀痛的感觉，就像刚从温室出来就到很冷的环境中的感觉一样。不过，当我在佩乌克内斯山脉上搜寻贝类化石时，因为高兴，所以完全感觉不到"普纳"，

看来这种感觉多少有心理作用的因素。但是无论如何，步行是非常耗费体力的，所以呼吸变得更深长和困难也是必然的。当地居民用以缓解"普纳"现象，都会使用洋葱，由于欧洲人治疗哮喘病时也会用洋葱，因此在这里我们也使用洋葱。但是依我看，估计贝类化石比任何药物都更加有效果。

  我们大概在山腰的地方碰见了一个用骡子驮运的队伍．看着一排骡子排列整齐地向山下走去，听着赶骡子的人野性的喊叫声，舒爽的心情真是无法用语言表达。在山顶附近，刺骨的寒风猛烈地吹着。我们一定要越过山脊两旁的终年不化的积雪带，不然过不多长时间，这里将会覆盖上一层新的积雪。当我们登上山顶回头远眺，一片壮美的景象马上呈现在我们眼前。蓝蓝的天空，深不见底的河谷，山峰杂乱断裂的轮廓，上百年堆积成的石滩，透明夺目的大气层，以及那些和寂静积雪高山色彩层次分明的岩石，所有的这些，构成了一幅不可思议的美丽景色。除了飞翔在山顶的几只康多鹰之外，恐怕没有什么植物或鸟类能把我的注意力从这美景中吸引过来。独自站在山顶，如凝视一场雷雨般令人沉醉，或者如欣赏一曲大乐队伴奏的《弥赛亚》的合唱般梦幻，这是再高兴不过的事了。

  我们翻过佩乌克内斯山一直向下走，来到了两条主要山脉中间的一块山很多的地带，之后我们在这里露营了一晚。我们已经在门多萨的领土之内了。露营地点差不多有10000多英尺那么高，所以寒风凛冽，刺骨的寒冷。生长在这里的植物很少，所以我们只能找一些比较小的植物根来烧，但是火力真的是太小了。我们露营地方的气压很低，因此将水烧开的温度比低海拔的地方还要低。正因为这样，我们把马铃薯扔到热水里煮几个小时，还硬得跟刚扔进去的时候差不多。我们把马铃薯放在锅里煮一晚上，直到第二天上午再煮沸一次，可是锅里的马铃薯仍然没有煮熟。

  3月22日的早餐，我们没有吃马铃薯。吃过早饭，我们穿过两条主山脉之间的多山地带来到坡尔蒂略山山脚下。我们又开始了像攀爬佩乌克内斯山那样长时间艰辛的爬山旅程。山上的部分地方，一些冻着的雪在融化期间又被冻成了雪柱或者雪塔。因为雪柱之间的缝隙很小，而且很高，所以驮着货物的骡子

安第斯山脉

根本无法通行。在我们即将登上坡尔蒂略山的顶峰时，像针一样的细小冰花组成的雾把我环绕了起来。这里的雾一整天都散不了，所以我们没有办法看到我们想看的风景。这条山脉的最高山岭上有一道很窄的裂缝，看起来像大门一样，所以这个山口被人们称为"坡尔蒂略"，山上的小路也是从这个地方通过的。如果天气晴朗的话，从这里眺望过去，估计能看到连到一起的大片大片的平原，一直绵延到大西洋的海岸边。

我们从这个地方往山下一直走，来到这里植物生长的最高界限，在有很大的岩石遮盖的地方休息了一晚。夜幕降临没多大一会儿，天上的乌云突然全部散开了，周围的景象变得十分明显，效果奇妙真是难以想象。高大的山脉在如镜子般月亮的照射下，像是垂挂在我们周围一样，又仿佛是吊在这深涧之上。乌云散开后，天气变得非常冷，不过令人庆幸的是没有风，我们休息得还算可以。

从安第斯山的东面下去，纵然比靠近太平洋一边的路要近一些，不过路途非常崎岖陡峭。实际上，智利高山地带的山还没有平原上的山陡峭。平坦的潘帕斯草原的美景，完全被从我们脚下展开的一片平坦发光的白色云海覆盖了。很快我们就来到了云海里，走了整整一天也没走出云海。中午时分，我们在阿烈那尔斯发现了一片能找到柴火的灌木林，还有用来放牧的一片草地，因此我们决定在这里驻扎休息。

我惊讶地发觉，东面山谷的气候与土壤种类跟智利那一面山谷的几乎一样，经度差别也不大，但是两个地方的植物差别却很明显。不仅仅是这样，两个地方的四足兽也明显不同，不过昆虫和鸟类的差别却非常小。拿鼠类来讲，我在大西洋沿岸总共找到了13个物种，但在太平洋地带我只发现了5种，不过这两个地方的鼠类完全不同。我们先不算偶然来到这个地区的物种或所有栖息在高山地带的物种，再除去向南分布到麦哲伦海峡地区的几种鸟类之后，这种物种间的差距跟安第斯山脉的地质史就完全相符了，原因是在现代的各种动物还没有出现的时候，就已经存在一道庞大的屏障了——那就是安第斯山脉。因此，大洋两岸的生物之间的联系，比这些山脉两边的生物之间的联系要密切。

南美山雀

两天的旅行之后，当我们拖着疲惫的身体往前走时，突然看到远处有一排排杨树和柳树环绕着的村庄和卢克桑河的两岸，精神立刻振奋起来。在还没有来到这里之前，一片深红棕色的云块在南方天空中出现。开始我们认为，这可能是平原上的哪个地方失火飘起的一团浓烟。但是不久我们便发觉，其实是一大群蝗虫，这些蝗虫乘着风势，以每小时15英里的速度撵上了我们。离地面有3000英尺的蝗虫群，中心部分大概有20英尺那么厚。它们的两个翅膀扑打的声音，仿佛是狂风刮过军舰时发出的声音。透过飞在前面的蝗虫向上看的时候，天空中立刻呈现出一幅"雕花铜板"的画面。当蝗虫落到草地上时，地面立刻由绿色变为淡红色，数量估计比草的叶子要多得多。

蝗虫，属蝗科直翅目昆虫，种类很多，全世界有超过10,000种。分布于全世界的热带、温带的草地和沙漠地区。口器坚硬，前翅狭窄而坚韧，善于飞行，后肢很发达，善于跳跃。主要危害禾本科植物，是农业害虫。

这个地区最常发生的自然灾害就是蝗虫灾害。这些蝗虫繁殖成长于南方的荒漠中，跟在世界其他地方的情况相同。在这个时节，几群小蝗虫已经从南方来到这里。农民试着用点着的火堆、挥动树枝和大声呼喊等方法来对付蝗虫群，结果都没有成效，看起来很可怜。

卢克桑河是一条很长的河流，不过没有人清楚它入海的河道。到底是河道发生了变化还是经过平原时由于蒸发而消失，没有人能考察得出。我们横渡过卢克桑河，在3月27日这天到达门多萨。门多萨的土地开垦得非常好，因为盛产水果而闻名。我们花了半个便士，买了几个差不多有人头那么大的西瓜，并且香甜可口、清香扑鼻。在这里休息了两天之后，我们返回智利，途径门多萨北面的乌斯帕亚塔山口。4月1日，我们开始攀越乌斯帕亚塔山脉。我们在这条山脉上看到了黑色的熔岩以及紫色、绿色、白色和红色的沉积岩，交替着堆叠在一起。上面描述的岩层又被由深褐色逐渐到淡紫色的各种色泽的，很大的斑岩搅成了各式各样的混乱状态。这种奇特的景观真的是我人生中第一次看到，它跟地质学家所讲述的地球内部漂亮的剖面很类似。

我们离开了阿空加瓜山谷，下山时我们曾经过这里。4月10日，我们抵达圣地亚哥。这次旅行总共用了24天的时间，回想以前像这样的长途旅行，也只有这次让我最满意。几天之后，我们一行人回到了瓦尔帕莱索。

第十八章
眼中的北智利

> 如果一个人独自走在如此荒凉的地区，心里一定觉得自己好像是一个被囚禁在阴暗监狱中的犯人，对绿色和湿润的空气充满了无尽的渴望。

1835年4月27日，我计划先到科金博，途径瓜斯科，最后到终点科皮亚波。舰长费兹·罗伊说，他能在科皮亚波那里等我，然后把我送上贝格尔舰。如果只看直线距离，从出发地点开始一直向北到达海岸，也只有400多英里而已，但这样的距离若是从旅行角度考虑，行程就会增长很多。为了这次旅行，我买了4匹马和2头骡子，骡子用来轮流驮运行李。还是像以前那样，这次我仍旧选择过独立的生活，凡事亲力亲为，晚上就露宿在空旷的地方。我的旅行路线也根据地质考察的情况，设定为从大路转到基约塔的钟山下，绕一个圈子。在即将离开瓦尔帕莱索的时候，我们回过头向它做了最后的告别。

我们来到了钟山脚下，走进了那里的一个村舍。当地居民的田产都是世袭所得，这种情况在智利还真不多见。他们的主要经济来源是果园和小块田地的作物，即使如此，他们的生活还是那么贫穷。5月2日，我们一路沿着海岸附近继续我们的行程。这里的地面不完整而且没有固定的规则，耸立着的险峻岩石小山峰随处可见。在这里很少能看见中智利地区那么多的几种树木和灌木，却能看见一种高大的植物。这种植物的外形很像百合科丝兰属的植物。

智利国徽

智利矿工

第二天,我们离开基里马利去了孔查利。这里河流附近的土地,都因为河流的水量太小得不到充分的灌溉,所以变得越来越贫瘠。两个河谷中间的土地更是光秃秃的,这样的环境连山羊都不适合生存。春季来临的时候,土地上会因为之前几场冬雨的作用而迅速地生长出薄薄的一层牧草。于是,当地的居民们就把牛群赶到这里放牧,这层牧草成了安第斯山脉上牛群的美餐,只是这种情况坚持的时间不会很长。不过,我专门为这种自然环境设了一个观察课题,主要研究在这条海岸上不同地点的降水量不同,那么草类和其他植物的种子又是怎么适应的呢?我认为这种适应能力应该不是先天的习性,而是后天养成的。比如,科皮亚波每一次降雨后植物受到的影响,跟瓜斯科降两次或者在这里降三到四次雨比较真是相差无几。瓦尔帕莱索冬季会出现严重的干旱,牧草也因此大受损伤。但在瓜斯科,情况却与之相反,牧草即使在干旱的环境下也会生长得非常茂盛。

几天以来,我们一直沿着海岸行驶,感到越来越没意思,于是我们转变路线开始往内陆地区前进。行驶到了北智利,我们去了几个矿区。霍尔纳斯矿是在一座被钻凿了无数孔道的山上,看上去跟一个蚁巢没什么两样。就生活习惯而言,智利的矿工真可谓是一个特殊的人种,他们可以连续好几个星期住在最荒凉偏僻的地方。可是,一旦他们拿到了自己的工资,就会像一个水手获得了奖金那样,绞尽脑汁地去把钱花掉。他们对自己毫无约束,不断地饮酒、买衣服。这样过不了几天,他们又会变成穷光蛋,只能再回到那艰苦的地方，继续比牲口驮运货物还要繁重的工作。智利的矿工平时会穿着美观而特别的服装。那是一件很长的、深色粗呢材质的衬衫，还有一条牛皮围裙，腰间再系上一条颜色鲜艳的腰带。他们的裤子宽松肥大，头上还带着一顶深红色的小布帽。

我们的旅行继续着，曲曲折折地一路向北走。偶尔一天会因为进行地质考察而停留。这一带的人口非常少，道路标识也不清楚，所以我们大部分时间都花费在找路上了。我们途径了几个矿区之后，终于在5月14日到了科金博。这个城市的特点除了十分安静以外，没有其他什么独特的地方。今年这里的第一次降雨是在三天之后。这里的农民都把谷物种植在海边，因为靠近大海的位置，空气会相对比较湿润。趁着这第一场雨，农民们开始翻土耕地，这样在第二场雨来临过后，就能直接播种了。如果还能等到第三场雨，那农民在春天里的收获就会更丰厚了。雨后的十几个小时，地面又如往常一样干燥了。过了10天，地面上长出了一层头发丝般的细微的野草，这种淡淡的绿色覆盖了所有山丘的表面。虽然这些草的高度只有1英寸，但至少是雨后大自然的馈赠，改善了雨前地面寸草不生的状况。

这天晚上，我和舰长费兹·罗伊去了英国侨民爱德华兹先生家里，他是一个以好客闻名的人，当天的晚饭我们也在他家里吃的。就在吃饭的时候，突然发生了一场强烈的地震。我听到了一种地震之前的隆隆声，妇女们开始尖叫，有几个人也冲出门去，因此我无法判断震动的情形。后来，一位绅士对我说，那一整夜他都没能安静入睡，眼睛一闭上就会做噩梦，好像房屋要倒塌一样。这也难怪，就在最近的塔尔卡瓦诺地震中，他的父亲丢失了所有的财产，他自己也在1822年的瓦尔帕莱索地震中险些丢了性命。

他说就在那天发生了一个非常有趣的巧合。当时，他和朋友们正在打牌。其中的一个德国人站起来说，他在这一带的房间里是从来不关门的，因为有一次在科皮亚波的地震中，他就是关着门待在房间里差点儿丧了命。所以，他走过去想打开门。可就在他刚刚打开门的时候，他突然喊道："确实！它又来了！"当年那场著名的大地震就在此刻发生了，而德国人的这次举动让打牌的朋友们全部从地震中逃脱出来了。其实，在地震中，关键问题不是你到底有没有充分的时间去开门，真正的危险是当时的墙壁摇动，门框紧缩变形，你想打开门都很困难。

我在科金博用了几天的时间对当地的梯形砾石阶地进行了考察。莱尔先生的观点是，陆地在逐渐上升时受到了海水的冲刷，因此形成了这种梯形阶地。我也完全同意他的观点。因为就在这些阶地上，我发现了现如今还存在的大量的贝壳物种。在我观察的地方，有5个类似带子的阶地，它们很狭窄，而且稍微有点倾斜，一个接着一个向上升起，其中最完整的部分是由砾石构成的。阶地跟海湾相对，一直伸展到河谷的两侧。这种现象在科金博北部的瓜斯科规模更大，就连当地的一些居民都对此感到十分惊奇。相对而言，那里的阶地宽阔得多，个别地方还会有6处相连的阶地，不过一般情况下也只有5处而已。可以肯定的是，它们的形成是南美大陆在逐渐上升的漫长过程中受到海水侵蚀的结果。

我和爱德华兹先生于5月21日来到阿尔克洛斯银矿，打算从那里去科金博河河谷的上游。日落后，我们到了一个由爱德华兹先生经营的矿区。这里的居住环境要比科金博好多了，至少不会每个房间里都有跳蚤，这一晚我终于睡了一个非常舒适的觉。我们下山时经过了几个小村庄，后来走进了土地肥沃的科金博河谷。村庄旁边的河谷都是被开垦过的，整体的风景都非常壮丽。因为这里的位置距离安第斯山主脉不远，所以周围的群山都很高大。到了北智利那里，有很多的果树，而且安第斯山脉附近较高地区的果实产量要比低处高。这个地区主要盛产无花果和葡萄，更因为优良的品质广为人知，因此这两种水果的种植面积就变得很大。基约塔河谷以北地区应该就属这里最富饶了。我估计算上科金博在内，这一带的居民总数应该有25000多人。

我们一路沿着海岸到了瓜斯科河谷。在前面我曾提到过，两星期前下了一场雨。可惜的是，那场雨下到瓜斯科的半路就停了。所以，我们的路途中，地面上前一半还带有浅淡的绿色，后一半就消失得无影无踪了。如果一个人独自走在如此荒凉的地区，心里一定觉得自己好像是一个被囚禁在阴暗监狱中的犯人，对绿色和湿润的空气充满了无尽的渴望。紧接着，我们在走过了一片荒凉

的岩石山地后，进入了一片沙土平原。这里的沙土非常深，只有一点点水，而且还是咸水，因此从海岸直到安第斯山脉的所有地方，都是一片荒无人烟的沙漠。我在这里看见的唯一的生物就是螺轮蜗牛，它们的数量非常多，在最干燥的地方一堆一堆地集结在一起。等到了春天，这里会长出一种可以抽出几片叶子的低等小植物，这些叶子就是螺轮蜗牛的主要食物。

6月4日，我们骑着马经过了几块荒凉的平原，那里羊驼的数量很多。在科金博和瓜斯科之间是聂拉尔河的河谷，我们中途经过这里的时候，看到牧草的产量并不多，因为土地肥沃的同时还带有面积太过狭窄的弊端，所以我们没有买到草去喂马。第二天，我们经历了攀爬几座高山的艰辛之后，终于到达了瓜斯科河谷里的弗连利纳。瓜斯科河谷建筑了4座小镇，谷口处还有一个已经完全荒芜的港口城市。天气晴朗的时候，从河谷望向上方，从这里到白雪皑皑的安第斯山脉，有一条笔直的谷间空地，景色美妙极了。谷内的两壁上交叉着无数的线条，跟这美丽的烟雾融合在一起。河谷看上去独具特色，因为在它前面有许多平行的梯形阶地。

这一带已经一年零一个月没有降雨了，这种情况足够让我相信，这里到底有多么贫瘠！当地居民当知道科金博已经下过雨的时候，心里满是羡慕。在这样的天气状况下，他们肯定盼望下雨的运气能降临这里。过了两个星期，当我们到达科皮亚波的时候，他们终于实现了自己的愿望。这个地区有时干旱时间能持续两三年，就算有降雨，最多也就一次。可往往在干旱之后的那一年，雨水量就会非常大，这个时期的灾害甚至超过了干旱时期。河水涨势迅猛，沙石骤然下滑，淹没了这里唯一适合耕种的河谷地带，而那用来灌溉的沟渠也被破坏了。

6月10日，我们启程前往科皮亚波河谷的上游。一路上的景致真可谓是寸草不生，如果非要找个词语来形容，我觉得类似"草木不生"、"贫瘠"的词语是非常恰当的。两天后，我们终于告别了这段令人焦躁不安的旅途，到了我们的目的地——科皮亚波河谷。

科皮亚波河谷一直向南方延伸，成了荒凉地区里的一条绿带。我们绕着科皮亚波河谷环游了一次,然后顺着河谷的下游往回走,最后到了科皮亚波城。这个城市的土地占地面积特别大,每家每户都有一个自己的果园。可是,这里房屋内摆设的家具非常简陋,让人感觉很不舒服,每个人好像都把自己的目标定成如何赚钱,之后搬家到别处居住。这里的居民多多少少都会和矿区有点直接关系,所以他们之间唯一的谈话资料就是关于矿区和矿石的情形。这个城市平常的日用品价格都非常昂贵,主要是因为这里距离港口很远,甚至连木柴都要用驴子从安第斯山脉那里驮回来,陆地运输费用相对而言会比较高一些。

第十九章
动荡的秘鲁

> 印第安人的废墟我曾经也在安第斯山脉的几个地点看到过。当中保存最完好的一个废墟就是位于乌斯帕亚塔山口里的谭比洛斯。那里紧密地聚集了一些方形的小屋，它们组成了一个相互分开的房屋群，一部分房屋的门洞还保留得很完整。

6月26日，我带着雇佣的一个向导和6头骡子，从科皮亚波城启程，选择了一条我上次没有走过的路线进入安第斯山脉。因为这一带特别荒凉，所以我为这次旅行多备了一包干货，另外还有大麦和碎蒿杆各半的混合饲料。

我们从城市出发以后，来到了宽阔的"无人谷"，这个河谷真正的名字是"德斯坡勃拉多"。它属于我们上次去过的那个山谷的分支，整个河谷的占地面积很大，还有一条山路直通安第斯山脉。这里干燥缺水的情况很严重，几乎没有一点水，偶尔会在某一个多雨的季节，碰上几天有少许的水流过来。河谷的底部非常平坦，高山两侧遍布沙石，还带有少部分已经陷下去的山谷。这更加说明，这里的河床根本不曾流过大的洪水。因为如果真的有洪水流过，这里就会变得跟南方的河谷那样，在两岸的河道出现高大的悬崖。我坚定地认为，这条河谷和许多旅行家曾经提到过的秘鲁河谷，都是陆地缓慢上升造成的，经过海浪不断的冲击，就变成了如今我们看到的样子。

天色变黑以后，我们仍然骑着骡子前进，一直到了山谷的另一边。在这里，我们发现一口名为"苦水井"的小井。这个名字跟这口井真的很匹配，井水不

原美洲土著人印第安人男人图像

原美洲土著人印第安人女人图像

仅带着咸味，还透出一股难闻的恶臭及苦味。所以，我们根本没有办法用这种水冲茶喝。根据我的计算，从科皮亚波到这里，至少在30英里的范围内是没有水可以饮用的，这一带的地方也因此几乎变成荒漠了。

离开这里以后，我们走到戈尔达角附近时发现了几处古代印第安人的废墟。这让我回忆起，印第安人的废墟我曾经在安第斯山脉的几个地点看到过。当中保存最完好的一个废墟就是位于乌斯帕亚塔山口里的谭比洛斯。那里紧密地聚集了一些方形的小屋，它们组成了一个相互分开的房屋群，一部分房屋的门洞还保留得很完整。这些门洞由横纵交错的石条组成，高度大约在3英尺左右。乌洛阿先生以前说过，古代的秘鲁人把房屋的房门设计得很低矮。这些房屋在被使用的时候，容纳空间肯定特别大。当地一直流传这样一个传说，很早以前印卡族人在越过山脉的时候，都把这里当成留宿的地方。

印第安人的房屋数量很多，主要表现在智利北部的安第斯山脉地区。在去发掘那里的废墟时，经常能够发现已经破碎的小块毛织品、昂贵金属的工具和玉米穗等东西。曾经有人想赠送给我一个玛瑙的箭头，看形状和目前火地岛人用的箭头一模一样。据说，现在秘鲁的印第安人居住的地方经常选在很高很荒凉的地带。而在科皮亚波的时候，一些在安第斯山脉中穿行的人对我们说，那里有很多房屋的位置都是在接近雪线的地方，附近根本不可能长出任何作物，也没有通行的山路。让人更加不解的是，那里居然连水源都没有！即使如此，根据这些房屋的外形可以判断，当地的大部分居民还是觉得，印第安人肯定是长年居住在这些房屋里（即使当地的居民对上述情形也很难理解）。我们也在戈尔达角看到了一片印第安人居住的遗址，主要是由七八个方形的小房屋组成。房屋的建筑材料是泥土，而这样坚固的房屋当地居民是无法建造出来的。虽然这个遗址周围的环境非常不好，可是印第安人最后还是选择居住在这里。或许，他们除了运用每年当中那极少的降雨，还依靠灌溉（灌溉技术在很久以前就被印第安人使用了）才让这里的土壤变得那么肥沃，然后将生长出来的作物用来维持生计。

从现有的部分资料中我们可以查证，自从现存的贝类出现以来，南美洲大陆一些地区的海岸附近的地面，上升了不仅有500英尺，有的甚至超过了1000英尺。因此，我认为，这里的气候之所以那么干燥，主要原因应该是安第斯山脉的高度。所以在陆地还没有上升时，这里的大气应该还是有足够的水分的。这种陆地是逐渐地上升，需要一个漫长的过程，那么这种气候也随着这种变化逐渐地由湿润慢慢变得干燥。瓦尔帕莱索地区在最近的200年间，陆地的上升高度还不到19英尺，而利马海岸的上升也不超过90英尺。气候方面也绝对不会因为这种程度缓和的陆地上升而有太大的变化。综上所述，我完全可以推断出，那些印第安人废墟一定具有相当悠久的历史。而印第安族也应在早年间就居住在南美洲了。

6月28日，我们继续向高处出发。当天，我们除了看到几头羊驼以外，还意外地发现了一种叫做"骆马"的动物的脚印，这种动物跟羊驼非常相似。如果单纯地说骆马的习性，可以说它是一种优良的高山动物，通常居住的位置也是在雪线以上。因此有骆马的地方，从地理位置上讲，会高于羊驼生活的地方，同时也比羊驼生活的地方更加荒凉。其他的动物，我也只是看到了一种小狐狸，我认为它们应该是以捕捉鼠和其他小啮齿类动物为食的。

荒凉的景象覆盖了这里的四面八方，在晴空万里的天气衬托下，更是凸显了这种荒凉。这种景色起初给人的感觉或许是壮丽无比的，可没过多久，心头就会涌上枯燥乏味的感觉。位于这条山岭东侧的河流是流进了一个高地，并不是流入大西洋。高地的中间有一个大盐田，于是这些流入高地的河流就变成了

一个小型的里海。

我们露宿的地方,有几个体积很大的雪堆,但并不是那种长年不融化的积雪。高山地区的风向通常是可以找到规律的,白天那些微风是吹向河谷的上方,在太阳落山一两个小时以后,河谷上方寒冷地区的空气就会吹到下方来了。当晚刮起了大风,气温也跟着降低到冰点以下,碗里盛的水立刻能结成冰。我觉得这种寒冷已经不是什么衣服能够抵挡得了的,我一整夜都没有睡着,早晨起来时发觉身体都冻僵了。

次日,我们向着下游进发,摆脱了干燥而贫瘠的德斯坡勃拉多的没有气味的空气以后,我们到达了科皮亚波河谷。那里清新的车轴草透出宜人的香气,我闻到以后心情变得特别愉快。在贝格尔舰驶进港口以后,我对一路陪伴我的向导玛丽亚诺·冈萨雷斯表达了无比的感激,与他告别之后,我登上贝格尔舰向伊基克驶去。

7月12日,我们停泊在伊基克。这是一个坐落在海边的港口,居民加起来大约千余人。这个城镇是建筑在一块沙土平原上,因此环境也是十分荒凉。这里下雨的频率是几年才有一次,所以有好多细小的岩屑积满了山谷,山坡上也铺满了一堆堆的白色细沙。这个港口很小,只有几艘小船在此停泊,岸上并排着几座破屋,一派阴沉的景象。这里的居民好像是一些在船上居住的人,所有的日用品都需要从远处运来,淡水也要从港口北部40英里开外的皮萨瓜用船运来。从外面运来的东西包括木柴、食品等等。因为目前秘鲁当地还没有设置政府机构,所以当我们的军舰出现在这里的海面上时,当地的居民都开始恐慌。伊基克城的居民们平时经受各个军阀的勒索,如今他们也以为是大难临头了。

7月19日,我们的贝格尔舰停泊在秘鲁首都利马的海港卡亚俄湾。虽然我们在这个地方待了6个星期,可是因为政局混乱的原因,我没能进行太多的观察。在这里停留的时期,大地总是笼罩着一片黯淡的浓云,所以这里的气候没有平时那样让人感到舒服。刚开始的十几天里,我只有唯一的一次机会看到背后的安第斯山脉。那些高山就像楼梯一样,一排排地往上升高,从云块的缝隙中观察它们,充满了神圣感。有一句口头禅在当地的居民中很盛行:"秘鲁的低矮地区永远不下雨。"可是在我暂住在利马的时候，几乎每天都下着朦朦细雨，街道变得十分泥泞，衣服也全部被淋湿。事实上，这种降水在本地居民看来并不是雨，而把它们称作"秘鲁雾水"。居民的谚语主要是想表达这里不会降下大雨，所以这里的房屋都是用泥土做成的平的屋顶。而且，那些露天堆放在海堤上的等着装船的麦子，甚至会连着几个星期都不遮盖任何东西。都说利马最宜人的季节就是夏季。可在我看来，这种环境真的很难让人感到满意。一年当中，不论春夏秋冬，也不分当地居民还是外国人，都患有严重的疟疾。这种病波及整个秘鲁沿岸地区，可在内地却从不发生。所以多数人都会觉得这是一种很神秘的病。

19世纪的秘鲁首都利马

南美洲无论哪一个国家在宣布独立以后，都没有受过秘鲁那样严重的无政府状态的苦难。我们在这里访问时，还正有4个军阀在相互争夺政权。假使其中的一个军阀获得了最高权力，其他军阀就会团结起来反对他。可等到这几个军阀反对成功了以后，他们之间又会发生内讧。就在不久之前，正是这里独立一周年的时候，有一场盛大的纪念会在首都利马举行，总统也亲自出席了典礼。可就在演唱祈祷词时，一群人突然举起了一面面画着死人骷髅的黑旗，来替代秘鲁的国旗。

对于我来说，遇到秘鲁这种情况真是不幸，因为我根本没有办法出去进行考察。我唯一能够安全散步的地方也只剩下那个构成海港的荒岛圣洛伦索岛了。冬天的时候，岛上的山顶上会长出各种各样的植物。就在利马旁边的一座小山上也长着一些苔藓植物，还

秘鲁国旗，旗面自左至右由红白红三个竖长方形相连组成。白色长方形正中绘有国徽图案。白色象征自由、民主、和平、幸福；红色象征胜利，也表示人民对烈士的怀念。

到处开着黄色百合花。这些情况说明，在气候方面利马要比前面提到过的伊基克湿润得多。利马以北地区，气候会越发潮湿，快到赤道时，还出现了茂密的森林，土地也由荒凉的海岸变成了肥沃的土壤。

　　利马被建在一个河谷地带。这个河谷的形成时间应该是在海水逐渐后退的时候。因为地势上升的速度缓慢，所以这一段路似乎是平坦的。事实上，每个到利马的人都难以想象，他所在的地方海拔已经相当高了。曾经历代的首都都选在利马，而这座城市也很富丽堂皇。可是动荡的社会，让利马现在变得极度衰败。破旧不堪的街道和路面得不到任何修整，到处都是堆放的垃圾。黑色的大兀鹰在这里来去自如，胆子大得像家禽一样，它们穿梭在垃圾堆中寻找食物。这里的房屋大部分都是楼房，为了减少地震时危险的发生率，现在建筑的时候都选用涂有灰浆的木板。还遗留的几处旧式房屋非常宽大，现在里面还合住着几家人。内部的一套套房间让这里的房屋可以跟大城市里最大的房屋相提并论。这里还有很多教堂，时至今日那特殊的庄严景象依然保持完好。

第二十章
抵达加拉帕戈斯群岛

> 当我们用温度计去测量棕褐色的沙土时，温度很快就上升到58℃。因为这个温度已经是温度计的上限度数，故而我也没有办法搞清楚沙土的温度到底是多少度。但是有一点我可以肯定，即便是我们穿着鞋底很厚的鞋子在沙土上行走，也感觉热得受不了。

1835年9月15日，我们在加拉帕戈斯群岛抛锚靠岸。加拉帕戈斯群岛是由10个主要岛屿组成，其中有5个岛屿离赤道很近，面积也比较大的。构成这个群岛的主要岩石是火山岩，中间夹杂着少量的花岗岩碎石。这个岛有很多火山口，不少于2000座，一部分火山口围绕在比较大的岛的周围，范围很大，有4000多英尺那么高，另外，还有数不清的小火山口遍布在它的斜坡上。很明显，这些火山都形成在海水里，在外力的作用下，火山的南坡不是全部坍塌就是比其他坡低，这个外力就是太平洋的波涛和信风卷起的海浪在群岛南岸汇合成的巨大力量。

尽管加拉帕戈斯群岛离赤道很近，但是由于周围的海水是被冰冷的南极洋流带来的，温度非常低，所以群岛上的温度并不高。虽然时常有很低的云层悬在天空，不过只有一个很短的多雨季节，其他时间，加拉帕戈斯群岛一年中下雨的次数很少。即便是在下雨，雨水分布得也很不均匀。所以，群岛上地势低洼的地方相对比较荒芜。不过高于1000英尺的地方，尤其是迎风面，气候都比较湿润，植物生长得也茂盛，因为迎风面能率先接触到大气里的水分。

仙人掌

  9月17日，我从加拉帕戈斯群岛中的查塔姆岛上岸。这个岛与其他岛相同，圆形的轮廓，而且很柔和。这里遍地都是被太阳晒伤的植物，看起来没有一点生机。虽然我很喜欢采集植物，但是采集到的很少。那些可怜的小草不像是生长在赤道附近的植物，应该是生长在北极。这个岛上生长着很多灌木，而且大部分都正开着花。这里的树木有树荫的只有一种很大的长相奇特的仙人掌和一种金合欢树。贝格尔号围着这个岛航行了一圈，我们在岛上的好几个地方停靠过。一天晚上，当我们露营在海岸上时，我站在高冈上数了一下这里的火山数量，总共有60多座。在行走时，我还碰到2只很大的龟，每只都在200磅以上。其中一只龟正在食用仙人掌，当我要靠近它时，它注视了片刻，之后独自慢慢爬走了。另外一只龟却仰头发出一声很长的叫声，之后就缩进龟壳里去了。

  9月23日，贝格尔舰抵达查尔斯岛。这个岛上只有一个大概住着300多人的居民点。在很早以前，有人就来过查尔斯岛，首先是海盗来过，之后是捕获鲸鱼的渔船。一直到6年前，才有人在这里居住，并且岛上的居民很多都是被厄瓜多尔共和国驱逐到这里的政治犯。居民点就在这个岛的中心。当我们向居民点靠近时，曾越过一个山岭，之后便看到岛上绿草如茵，感受着扑面而来的阵阵南风，精神不禁振奋起来。在居民点范围内的一块平坦的地面上，星星点点地分散着几间房屋，没有一点规则。房屋的中间，种着香蕉树和甘薯。北智利地区和秘鲁地区的土地非常焦干，但是这个地方的土地全部是黑色的。尽管岛上的居民对他们的艰苦生活很不满，然而他们的确不用出多少力气，就可以有丰富的物质资料。他们的主要肉类食品是龟肉，只要打猎2天，一个星期都吃不完。

加拉帕戈拉鹰

贝格尔号穿过纳尔博罗岛和阿尔贝马尔岛之间的地带，在10月8日抵达詹姆斯岛。在贝格尔号去找足够我们使用的淡水时，我跟拜诺先生还有部分随从带着帐篷和食物，在这个岛上待了7天。这个岛上的低洼地方也生长着灌木丛，跟其他岛相同。但是其他岛上的树木没有詹姆斯岛的树木高大，其中几棵树木的直径竟然有两英尺那么长。我们在岛上待的这段时间，基本上都是晴空万里。但是如果风一停，温度就会马上上升，热得让人受不了。帐篷里的温度一直都在34℃左右，不过被太阳照射的沙土的温度就更高了。当我们用温度计去测量棕褐色的沙土时，温度很快就上升到58℃。因为这个温度已经是温度计的上限度数，故而我也没办法搞清楚沙土的温度到底是多少度。但是有一点我可以肯定，即便是我们穿着鞋底很厚的鞋子在沙土上行走，也感觉热得受不了。

小鸮，鸮形目鸱鸮科鸟类，体长约20公分，羽毛呈淡褐色。见于欧洲、中亚和北非，已引入新西兰。白天活动，常栖息于开阔地。营巢于建筑物或天然洞穴内。食各种昆虫、小型哺乳类、鸟类和爬虫类。

这个岛上的物种大都是非常稀有的，在其他地方我根本没有见过。这个群岛自身便是一个很小的世界，而且群岛的各个小岛上的物种也不尽相同。但是，所有生存在加拉帕戈斯群岛的物种跟南美洲的物种有很明显的亲缘关系，所以，也可认为加拉帕戈斯群岛就是南美洲的一颗"卫星"。

这里有一种鼠，被称为"加拉帕戈斯鼠"，在陆

加拉帕戈斯群岛的信天翁

加拉帕戈斯地雀，是鸟类中一个独特的类群，被隔离在加拉帕戈斯群岛和科科斯群岛，适应不同生态环境中的辐射，给达尔文的"物种不是不可改变的"理论提供了证据。

加拉帕戈斯群岛海龟

生哺乳动物中，这种鼠类只有这里才有，故因此而得名。这种鼠类只生存在查塔姆岛。在陆地上生活的鸟类中，我总共采集到26个物种，竟然有25种鸟类都是只有在这个群岛才有。我总共发现了10种水禽，其中新物种有3个。当然，爬行类动物最能代表加拉帕戈斯群岛的生物特性，例如蜥蜴和龟。

这里的龟是加拉帕戈斯群岛的原有动物，数量非常多。我首先介绍一下龟的习性。它们喜欢在潮湿的高地生活，但是偶尔也栖居在干燥的低地。部分龟的块头很大，要把它抬起来至少需要七八个人。其中年龄大的雄龟个头最大，一般情况下雌龟很难长到雄龟那么大。通常雌龟的尾巴没有雄龟的长，所以雄龟和雌龟很容易分辨。有些龟在干燥的低洼地带或者无水源的岛屿上生存，它们赖以生存的食物是仙人掌。那些在潮湿的高地生存的龟，一般比较喜欢吃各类树木的树叶，但是它们更喜欢吃一种淡绿色的丝状地衣和一种酸涩滋味的浆果。

水是所有龟类的最爱。它们可以一次喝下很多的水，而且喜欢在污泥里爬来爬去。因为岛上的水源一般都在岛的中心部位，并且比地面要高一些。所以在低洼地带生存的龟想喝水时，必须要往上面爬很长一段距离。因此，从水源到海边之间，随处可见龟爬行时踩出的宽路。一开始，西班牙的探险家就是顺着这些宽路前行，最后才找到水源的。在水源附近，有一个很有意思的情景：要来喝水的龟，伸着头部急切地向前爬行着；已经喝完水的龟，就集结队伍往回爬，就这样来来往往，非常有趣。一只龟爬到水边时，就会无所顾忌地将头和眼睛一起伸到水里，之后便贪心地大口大口喝起来，一分钟内大概可以喝上十几口。

海洋鬣蜥

假如龟打算去一个地方时，它们常常会马不停蹄地前行。所以，龟到达地点的时间，通常会比人们预期的时间要早很多。曾经，当地的居民为了观察龟的行动能力，在龟身上做上记号。当地居民发现，这种龟竟然在3天时间里大概爬行了8英里。我曾经观察过1只龟，它在10分钟内爬行了60码，照此计算，龟每天可以爬行4英里。不过，这种计算方法并没有把龟在路上的饮食时间算在内。每年的10月份是龟的产卵季节，假如是在沙土里产卵，它们会将卵产在一块儿，之后用沙土埋好。假如是在岩石地面上产卵，它们则会不加思索地将卵产在任意一个洞里。龟卵比鸡蛋稍微大点儿，呈白色。

生活在加拉帕戈斯群岛的所有蜥蜴种类里，只有钝嘴鬣蜥属是这个岛特有的。冠状钝嘴鬣蜥是它们中最有特点的，在加拉帕戈斯群岛的所有小岛上都很常见。冠状钝嘴鬣蜥只在岩石岸边生存，就算离水只有十几码距离的陆地它们都不会去。这种动物非常笨拙，而且行动缓慢，颜色乌黑，面目很吓人。冠状钝嘴鬣蜥长成后大约有1码的长度，不过偶尔也有几条能达到4英尺，比如阿尔贝马尔岛上的冠状钝嘴鬣蜥，似乎大都比其他岛上的蜥蜴要大些。这种蜥蜴的尾巴两侧呈扁圆形，脚趾间有蹼而且不完全。偶尔我可以看见它们在距离海岸几百码的地方游泳。靠着扁圆形的尾巴和身体形状，这类蜥蜴可以像蛇一样在水里游动，

鬣蜥，头小体侧扁，背鳞很小，大小一致，起棱，鳞尖朝后上。方体背橄榄棕色或灰色或浅棕黑色，可随环境及光线强弱改变体色。主要生活在美洲和马达加斯加、斐济和汤加等地。

陆栖的钝嘴鬣蜥

而且速度很快。游水时,这类蜥蜴的四条腿是耷拉在身体两侧不动的。冠状钝嘴鬣蜥的四肢和爪子的适应能力非常强,可以在崎岖不平的多裂缝的熔岩地面顺利地爬行。

我以前解剖过几条冠状钝嘴鬣蜥的胃,在胃里发现了许多咬碎的海藻。从冠状钝嘴鬣蜥的游泳能力、食性和身体结构推断,这种蜥蜴有水栖动物的特征。在我游访加拉帕戈斯群岛这段时间,我所见到的冠状钝嘴鬣蜥估计都在1岁以上。以此推断,估计这种蜥蜴的繁殖季节还没有到。

蜥蜴

下面,我再讲一下生存在陆地上的蜥蜴。我常常观察一种体型很小以蝇为食的蜥蜴。这种蜥蜴大都在低地上生活,一年都很难喝到一滴水。不过还好它们可以吃到大量的多浆仙人掌。这种仙人掌的枝干常常被大风吹断在地上,因此这种蜥蜴能轻易地找到食物。偶尔当我看见两三只蜥蜴聚拢在一起时,我就会扔一些仙人掌给它们吃,观察它们争夺仙人掌的情景。它们咬住仙人掌,仿佛是一群饥饿的狗在抢骨头似的。它们不会咀嚼,而且吃得很慢。有时小鸟看到这种情形也会参与其中,因为它们知道蜥蜴不会伤害自己。一次,我看到一只蜥蜴在吃一块仙人掌,而此时仙人掌的另一头正被一只厚嘴雀啄着。吃完之后,这只小鸟便跳到蜥蜴的背上,没有一点害怕的意思。

蓝舌蜥蜴

除了以上讲述的动物,我曾经也穿越在各个群岛间苦心竭力地采集昆虫标本。但是,这个群岛上的昆虫种类实在太少了,在我历经的考察中,也只有火地岛能跟这个岛相比。即便是在潮湿的高地,能发现的昆虫种类也非常少，并且大部分都是很常见的类型。

通过考察加拉帕戈斯群岛的动植物的特征，我这个岛的博物学特征已经有了结论：每个岛屿上生存的物种绝大多数都不一样。有一件事劳森先生曾经提醒我注意，每个岛上的龟的种类是不一样的，并且他还可以准确地判断出任意一只乌龟是来自哪个岛。当初我并没有注意到这一点，以至于搞混了从不同岛上采集到的标本。因为我怎么也想不到，距离只有五六十英里、可以很清楚地看见彼此的两个海岛，它们的岩石结构截然不同，气候却十分相像，在差不多相同的高度条件下，竟然有不同种类的生物生存。大部分旅行家都是在还没有察觉这里最好和最有趣的事物时，就已经匆忙离开了。但是我必须感谢命运。因为我收集到了十分丰富的资料，完全能够证实生物分布的奇怪现象。

伊莎贝拉岛西岸是加拉帕戈斯企鹅的主要栖息地之一，后者是世界上唯一一种栖息于赤道附近的企鹅

第二十一章
停靠在塔希提岛

> 在所有的旅行家眼中，塔希提岛是一个美丽动人的海岛。可是当贝格尔舰距离那里很近的时候，我站在船上远望这个岛，并不觉得它有多生动。当天空中的云块慢慢地散开之后，呈现在眼前的就是在塔希提岛中央的很多天然的险峻山峰。

我们在对加拉帕戈斯群岛的测量工作结束以后，开始了新的长长的旅程，进发去塔希提岛。在冬季，南美洲一带的海面天气都是阴暗多云的，这一片大洋区域花费了我们几天的航行时间。不过之后的天气一直都很晴朗，贝格尔号在平稳的信风推动下，前行速度达到了每天 160 英里。穿过低群岛不久之后，我们还看到了刚好露出水面的几片非常罕见的环形珊瑚地，这里被大家称为礁湖群岛。我看见一条长长的海岸发出白色的光芒，还有一条绿色的植物带围绕在它周围。向左右观望，这条带子的宽度会逐渐变窄，直到最后沉没在海面下。爬到桅杆的顶端观望整个珊瑚岛，它的高度很低，呈中空状态，内部是一片宽阔平滑的海面。这些珊瑚岛从水底峻峭地崛起，但它们被周围浩瀚无垠的海洋衬托着，显得非常渺小。

在所有的旅行家眼中，塔希提岛是一个美丽动人的海岛。可是当贝格尔舰距离那里很近的时候，我站在船上远望这个岛，并不觉得它有多生动。当天空中的云块慢慢地散开之后，呈现在眼前的就是在塔希提岛中央的很多天然的险峻山峰。1835 年 11 月 15 日，贝格尔舰顺利到达了塔希提岛的马塔威港，安全

碧海蓝天的塔希提岛美景

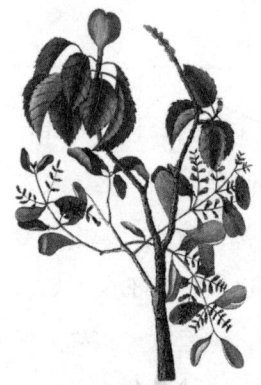

番石榴，是番石榴属桃金娘科，常绿小乔木或灌木。其营养丰富，含有丰富的维生素和铁，在台湾算是土生水果之一，也可以预防高血压、肥胖症，还可以排毒促进消化。

地停泊在那里。

贝格尔舰停泊以后，许多独木舟把我们围了起来。我们的军舰上今天是星期一，而在塔希提岛却是星期日。这里明确规定，星期日禁止船只行驶，所以，如果我们早到一天，没准就没有任何居民来欢迎我们了。中午吃过饭以后，我们开始上岸观光。这里的金星角非常具有纪念意义。一大群的当地人，包括孩子，集合在这个地方列队欢迎我们。

塔希提岛山脚下有一条冲积土地带，是这里唯一适合耕种的地方。因为有了珊瑚礁的保护，这里不会受到海浪的冲刷。珊瑚礁把这个岛的全部海岸围绕得严严实实。而在它们的内部，有一个可以算作是湖的宽阔而平静的水面。当地的居民在这里划行独木舟没有一点危险，也可以将舰船停泊在这里。有很多优美的热带植物长在低地上，例如：香蕉树、甜橙树、椰子树和面包树。这块低地的范围一直扩展到珊瑚砂的海滩，那些热带植物中还被当地的居民开垦出几块空地，用来种植甘薯、甘蔗和菠萝，这里的灌木都是来自外地。有一种叫做番石榴的果树，长得实在是太茂盛了，以至于开始威胁到农作物的生长。在岛上的树荫下面，每每会有一些通往各处房屋的凉爽的羊肠小道，要是我们到那里去，还会受到那些房屋主人们的热情欢迎。

我最喜爱的就是塔希提岛上的土著居民。他们非常面善，身材高大，肩膀硕大，强健有力，身体各个部分长得都很匀称。大多数的土著居民都在身上刺上花纹。这些花纹跟身体的曲线结合，显得更加优美。

停靠在塔希提岛

第二十一章

这些纹身当中最常见的花样就是从背部的中线开始画，延伸到身体的两侧，优美的卷绕，有的跟棕榈树的树冠很像，不同的也只是一些细节而已。我觉得，一个人的身体在画上这些花纹以后，仿佛有娇嫩的攀援植物缠绕着一株华贵的树木。大部分年长的人，脚上都画着一些小小的图案，猛一看还以为是穿着一双短筒袜呢。这种花纹成了这里的一种时尚潮流。可是一旦这种潮流一过，就会有新的时尚接踵而至。纹身自身的特点决定了每个人保持的都是他年轻时代的时尚印记，对这种年龄留下深深的烙印。妇女们也同男人那样，刺绘着相同的花纹，通常她们的手指上也会刺有花纹。时下，当地最流行的是剃去头顶的头发，只留下外围那一圈圆形的头发，形成了一种秃顶风尚。在我们看来，这根本不能称为美观。当地的传教士也试图劝解人们改变这种习惯。可是，时尚的含义，不仅在巴黎可以找到，到了塔希提岛上一样通用。

11月17日，吃完早饭，我开始去攀登塔希提岛上的山峦。这里外围都是一些平滑险峻的圆锥形山体。很明显，这些山的主要构成是古老的火山岩。我爬上距离最近的山坡，高度已经达到两三千英尺了。这时我看到那些火山岩被许多山谷切割开来，从岛的中心点一直向外部扩散到海岸边。我穿过一条有人居住的狭长的地带，顺着一条平滑而险峻的山岭前行。这条山岭夹在两个深深的山谷中间，上面长着非常奇特的植物，几乎都是矮小的蕨类植物。稍高一点的地方，也会混杂进去一些粗硬的草类。直到我爬上了最高的顶上，才开始发现了树木。

此时我站在最高的山上眺望，远处埃梅奥岛的景色真是美丽怡人。高高的山峰矗立在碧蓝的天空下，山峰上堆积了一些大块的白云，形成了一个云岛。埃梅奥岛的四周完整地环绕着珊瑚礁，只留下一个小小的出口。从我所在的地方望去，能够看到岛的外围有一条轮廓清晰狭长的白色细带，这就是波浪在遇到珊瑚礁外侧时的界限。这条白色丝带外面的海水，呈现的是暗黑色。这样动人的风景，就像装裱在画框里的一幅浮雕画。画框就是那拍岸的海浪，空白的纸面就是平滑的礁湖，而那美丽的图画就是岛的本身。

第二天，我早早地就上了岸，雇佣了两个当地人，一行沿着提阿乌拉河谷

绿色未熟香蕉

矶鹬，栖息于从沿海滩涂和沙洲至海拔1500米的山地稻田及溪流、河流两岸。性孤僻。分布于古北界及喜马拉雅山脉；冬季南飞至非洲、印度次大陆、东南亚并远至澳大利亚。食昆虫，在地上营巢。

前进。山谷中有一条河流是这个岛屿的主要河流之一，到了金星角附近流进大海。这条河的源头是在岛上大约在7000英尺的最高中央山峰的下面。塔希提岛到处都是山地，要想前进并且进入岛屿的内部，那路线只能沿着山谷。起初，我们穿越了一片树林。这片树林分布在那条河流的两岸。不久，山谷开始变窄，两侧的山坡也开始变得高耸而且更加险峻。我们大概走了三四个小时的路程，看到山谷的宽度已经窄到跟河流一样的地步。两边的山接近于直立，可是因为火山地质层那独特的柔软质地，让部分悬崖位置长出了树木和其他植物。这些悬崖的高度大约在1000英尺，是它们构成了这条姿态雄伟壮丽的狭窄山峡，真的是我这一生所见中罕见的景象。中午时分，天空中笔直地悬挂着太阳，这让原本凉爽潮湿的空气开始变得闷热起来。我的向导们把随身携带的一个小渔网绷在一个铁环上。看见河水较深还有漩涡，他们就跳进水里，像水獭那样睁大眼睛，追随鱼群游到偏僻的角落，最后捕捉它们。所以，等我们在一个石柱的下面休息吃饭的时候，又多了一道小鱼和淡水虾的菜。

塔希提岛人到了水中，就会像两栖动物那样身体轻巧。有一个专门讲述关于塔希提岛人游泳技巧的小故事，非常有趣。1817年，国王波马雷派人运来了一匹马。就在上岸时，马的缰绳突然断开了，马也随之落入水中。船上的人立即跳进水里，想要把马救上来。可是因为当地人根本不知道马是什么样子，结果险些把马淹死。后来，这匹马爬上岸以后，全体居民为了躲避这只"运人的猪"而拼命地四处逃窜。事实上，当时这里的人就给马起了这个名字。

　　前面我们提过的那条河流在流经较高的地方时一共分成了3条支流。北面的两条支流组成的是一连串的瀑布，这些瀑布从高处的犬牙状山顶上倾泻而下，很难通行。另外一条支流虽然看上去根本走不通，但是我们偶然间发现了一条特殊的小路，进而很巧妙地走到了它的上游。原来，一些成层的岩石在河谷两侧，还有一些茂密的野香蕉树和其他热带植物生长在小块向外突出的崖石上。那条小路就是我的两个向导在这些崖石之间攀援，采集水果时发现的，正好也能从这里爬上悬崖。由河谷向上的第一段路特别不安全，必要的情况下我们需要借助随身携带的绳索。我们沿着一块比较突出的崖石走过去，开始攀登这唯一一条通向悬崖的途径。这块崖石可以算作这里相对平坦一点的地方，上面有一个高度100多英尺的小型瀑布，那条支流的水顺着这里直泻下来；崖石下面却是一个非常高的瀑布，河水就是从这里最终流进主河流的。我们为了躲避高悬的瀑布，绕了一个大圈子。沿着几块突出的小崖石前进，有一部分危险的景象都被那茂盛的植物给遮挡起来了。要是没有这些植物的遮挡，那些山崖中的深渊就会呈现在眼前，我肯定会因此头脑发晕。到那时，我再也不会为了山上的某一个东西去冒险了。

　　虽然，我曾经在安第斯山脉考察的时候，见过很多雄伟的高山，但是相对而言这里无疑是最险峻的。我们一路沿着支流往前走，到了岸边的一小块平地时已经是傍晚时分了。所以，我们不得不在这里留宿。山谷的两侧长了几棵香蕉树，上面硕果累累。聪明的塔希提岛人用树皮当绳子，竹竿做椽子，并且把香蕉树的大叶子做成屋顶，短短的几分钟就能建造出一座精美的房屋，然后还能把干枯的树枝做成一张柔软的床铺。

　　这天晚上，晚饭是由向导们做的。他们生火的方法是找一根木棍，用比较钝的一头摩擦另一根木棍的槽缝，一直摩擦到槽缝里的木屑发热而燃烧起来，这样就得到了火种。这个方法看似容易，做起来却比较难，要是没有掌握技术的人（比如我）来做，是需要花费很大的力量才能做到的。但我最终还是成功地点燃了木屑，因此我还感到非常骄傲。塔希提岛人把树枝搭起来燃烧后，会在燃烧的木柴上放上几十个板球大小的石头。过了10分钟左右，树枝烧完了，石头们也就都被烧烫了。接着，他们就把提前准备好的树叶拿出来，包好牛肉片、鱼和香蕉，用两层发烫的石头夹起来，再把它们用泥土封存好，避免热量过早流失。一刻钟之后，烤熟的食物香味四溢。我们在香蕉叶编成的席子上摆上这些烤好的绿叶包，用椰子壳盛来清凉的溪水，接着开始享用这顿丰盛的野餐。

　　第二天，我们吃过早饭以后，继续前进。我们此行的目的只不过是想观赏一下岛的内部风光。所以我们改变了路线，走了另外一条更低的通向主河谷的路。有一些构成河谷的山坡，我们就沿着这里顺着一条山脊下山。这条山脊狭窄至极，有一段路甚至像梯子那样陡峭，上面还覆盖着一些植物。我们每走一步都要极力保持身体的平衡，这样走非常困难，我们感到疲惫不堪。山脊的形状很像刀刃，我站在上面望向远处险峻的山谷和悬崖，内心不自觉地产生了一种惊异的感觉。因为山脊的支持面不大，所以站在上面似乎有种坐在热气球上俯瞰大地的感觉。

　　我们下山之后，我赶去马塔威和军舰会合。在那儿，我碰见了一对当地的土人。他们对我说，贝格尔舰已经因为这里淡水缺失的原因，往前行驶到帕帕瓦港了。我赶紧步行赶到了那里。帕帕瓦港是一个非常漂亮的地方，它的四周包围着珊瑚礁，里面的水面就像一面镜子。水边还紧贴着一块开垦过的土地，上面长着一些美丽的植物，零星散落着一些村舍。

　　11月26日，贝格尔舰迎着一阵陆地上吹来的微风，开始向新西兰航行。

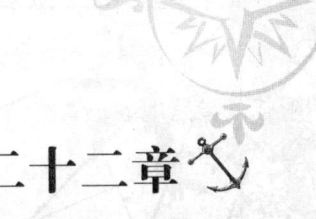

第二十二章
考察新西兰

> 这里的人都无法抵抗长期的围困,只能对突袭式的掠夺进行反攻。而此时那些彼此相连的梯地就成了此类进攻中非常好的防御阵地了。但是自从这里引进了枪支炮弹,原有的战争方式改变了。结束了冷兵器作战的时代,那些暴露在山顶的阵地就成了毫无用处的活靶子。

1835年12月19日,贝格尔舰在穿越了太平洋海域之后,终于望见了新西兰。航行中,我们有幸见识了真正的太平洋洋面,整个大洋的那种浩瀚根本无法形容。我们平时习惯性用的地图都是比例很小的,上面密密麻麻地分布着许多小圆点、颜色和地名,这些让我们对陆地和海洋的比例无法做出一个正确的判断,脑海中的概念非常模糊。

贝格尔舰连续全速行驶了几个星期,看到的东西除了一片蓝色的、深不见底的大洋,再没有其他的了。就连在航行过程中,当贝格尔舰在一些群岛中穿梭时,那些岛屿看起来也只是像一些斑点而已,它们之间也相隔很远。已经连续好几天是风暴天气了,最近的空闲时间也很充分,我们开始计划以后回国的航程。因此,现在只要多往西走1英里,我心里就多高兴一分,因为这样距离英格兰就又近了1英里。

12月21日清晨,我们的船驶进了新西兰的群岛湾。因为突然停止的海风,贝格尔舰无法前行,只能暂时在湾口附近停留几个小时,直到中午的时候才到了停泊的地方。群岛湾附近虽然山很多,看起来却很平整。群山之间纵横流淌着从海湾里伸出的无数支流。从远处望向那里，有很多粗硬的草类植物长在地面上，其实这是一些蕨类植物。一部分山谷中，遍布着大片大片的森林。海湾附近，零落地散布着整洁的方形房屋的小村庄。港湾里停泊了3只捕鲸船，两岸之间的往来摆渡是由1只小划船来实现。整个地区被一种寂静的气氛所笼罩。这种情形和附近的风景，跟我们在塔希提岛时看到的感觉到的相比，完全不一样。中午过后，我们乘坐着小划船登上岸，来到这里拥有最多房屋的帕希亚村。住在群岛湾附近的人们，大约有二三百人是英国侨民和他们的家人。这里的英国人大多数都把自己房屋的外墙粉刷得雪白，而当地土著居民居住的都是矮小简陋的茅屋，从远处看上去很模糊。

第二天，我到外面去散步。可出门不久我就发现，这附近可以通行的道路实在是太少了。这里所有的山上都长满了茂密的蕨类植物，很少有被开辟或者耕种的土地。我到海滩边去寻找路径，可是被咸水湾和深溪给拦了回来，也没往前走多少。正因为道路极少，海湾各部分居民的日常交通往来都是依靠小划船，这类似于奇洛埃岛上的情况。起初我感到奇怪的是，总有一些过去构筑的防御工事出现在我攀登过的山上。山顶上的这些工事被修筑成阶梯形状，也就是一块块相互联系的梯地，它们还经常有深沟在保护。后来，我发现，内地的主要山上也有这些出自人工的轮廓。这种建筑的名字是"帕"，或者叫"希帕"，其中最大的不同就是前者少了一个冠词。

山顶上的那些"帕"已经具有非常悠久的历史了，刚开始构成它的是一些贝壳堆和地洞。我从别人那里得知，这些地洞以前的用途就是储存甘薯。这里的山上没有水源，所以这里的人都无法抵抗长期的围困，只能对突袭式的掠夺进行反攻，而那些彼此相连的梯地就成了此类进攻中非常好的防御阵地了。但是自从这里引进了枪支炮弹，原有的战争方式改变了。结束了冷兵器作战的时代，那些暴露在山顶的阵地就成了毫无用处的活靶子。所以，现在的"帕"都选择建在平地上。它们的重要组成部分是两排高大粗壮的木柱，其他的木柱则是以锯齿状排列成木栅。这种"帕"的保护作用体现在，它可以采用侧面射击的战术，对周围的所有地点进行保护。木栅内部都建筑了矮土墙，这里可以是防御者们

新西兰的各种武器

安全的休息地，或者也可以帮助他们向外射击。有时，这里还会留有几个低矮的拱形通道，防御者可以通过这些地面的矮墙，从这些通道爬到木栅边，观察敌人的一举一动。

当天晚上，我和舰长费兹·罗伊等人一行来游览科罗拉第卡村。我们在沿着村庄四周散步的时候，跟遇到的那些男女老少的村民们聊了起来。因为新西兰和塔希提岛两地的居民都属于同一个人种，所以我们不自觉地开始把他们对比了一番。事实上，新西兰的土著居民最大的特点就是身材高大，体格更健壮一些，其余方面都远远不如塔希提岛人。尤其是在文明程度上，塔希提岛人很明显要进步得多。新西兰人习惯把自己的相貌用奇特的刺绘方式变得十分丑陋。他们脸上都刺绘着让人眼花缭乱的复杂而对称的图形。并且，刺绘已经在他们脸上留下了刀痕，进而损坏了肌肉的活动能力，所以他们的表情总是那么生硬呆板。

我听说，有一个叫威美特的地方就在距离群岛湾15英里以外，那里正好是岛上东西两岸之间的中央。所以我计划到那里去游览。这里的一位叫威廉的牧师在知道了我这个想法之后，邀请我和他一起去。相对陆路来说，水路会近一些，

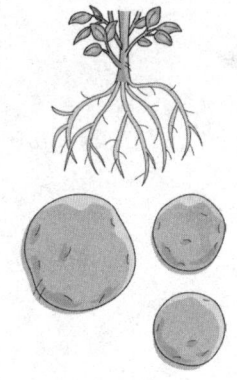

马铃薯

我们就从英国领事布什比先生那里借了一条小船。我们划船前进不但可以节约时间,而且还顺道欣赏了半路上一个美丽的瀑布。

到了威美特以后,我们把船停在岸边,上了岸,沿着一条被踏得很平坦的道路往前走。高大的蕨类植物,长满了道路两旁,这种植物也遍布在这个地区。走了几英里的路程,我们到了一个小村庄。那里只有少数的几处茅屋,还有几块非常小的栽种着马铃薯的田地。自从马铃薯被引进这个岛,当地人对它的需求超过了这里任何一种蔬菜。因为这里最多的就是蕨类植物,所以马铃薯的引进,真可谓是新西兰得到了大自然的一个恩赐。虽然这种植物的根部没有任何滋味可言,却富含营养物质。这些根茎成了这里居民的生活必备品,加上从海滩采集来的贝类,他们就永远地摆脱了饥饿的威胁。最引人注目的地方就是村庄里的一个个平台,它们被架在四根木柱上,距离地面十几英尺。主要目的是将从田地里收获的食物储存起来,以备不时之需。

新西兰风光

我们通过一条小路继续前行,地面上的起伏就像波浪一样。在我们右侧,是一条弯弯曲曲的小河,河的两岸长满了成行的树木,山坡上也到处长着小树林。虽然整个环境都充满了绿色,可还是让人备感荒凉。刚开始看到如此多的蕨类植物,人们肯定会误以为这里的土地特别贫瘠。可事实与其相反,如果把那些长着繁茂蕨类植物的地方开垦出来,那里就会变成肥沃的田地。有几个侨民觉得,这里原本应该是一片森林地带,后来人们烧掉森林,才成了今天这么广阔空旷的地区。据说，经常会有一团团的松脂在挖掘贫瘠的土地时被发现，这些松脂都是来自新西兰松树的树干。曾经，蕨类植物是这里土著居民的主要食物，因为这些植物很适合生长在这样平坦的土地上，所以森林才会被那些土人们烧光。当地植物最突出的一个特点，就是无论在什么地方都很难见到草本植物，可能就是因为这片陆地以前是一片森林的缘故。

这里都是火山质的土壤，我们一路走来，在个别地方看见了密布的渣状熔岩，而且还在附近的几座山上发现了几处明显的火山口。虽然没有在沿途看到什么美丽的景色，但我还是很满意这次的徒步旅行。不过如果我的向导要是很沉默的话，我也许还能感受到更多美妙的东西。新西兰土语中我就只懂得"好"、"坏"和"是的"这三句，所以他说什么我根本听不懂，不过我回应他的也就只有这三个字而已。他一定认为我在全神贯注地听他讲话，否则也不会滔滔不绝地长篇大论了。

走过了好几英里荒无人烟的地区以后，我们终于到了目的地——威美特。看到眼前的农庄和长满作物的田地都是英国式的，就像被施了魔法一般，心中的兴奋真是难以形容。威美特较大的房屋有三座。其中一座的主人是达维士先生，我们在他家受到了热情的款待。在喝完茶以后，我们和达维士先生一家人在农庄附近散步。我们看到身旁的山坡上，长满了已经成熟结穗的大麦和小麦；另外一块土地上，生长着马铃薯和车轴草。这里有规模很大的果园，里面的果树和蔬菜种类非常多，其中大部分都是温带地区的作物，

新西兰国徽，盾面上有五组图案，五角星代表南十字星座，象征新西兰；麦捆代表农业；羊代表该国发达的畜牧业；交叉的斧头象征该国的工业和矿业；三只扬帆的船表示该国海上贸易的重要性。盾徽右侧为手持武器的毛利人，左侧是持有国旗的欧洲移民妇女，上方的王冠，象征英国女王也是新西兰的国家元首；下方为新西兰蕨类植物，绶带上用英文写着"新西兰"。

新西兰松

新西兰松，色泽淡黄，纹理通直，干燥易，变形小，力学强度中等，加工性能好，适宜制作家具和各种木制品。

例如芦笋、黄瓜、苹果、葡萄、桃、杏以及无花果。农庄的院子里摆放了各种农耕用具，还有成群的猪和家禽。这里还建有一个马厩，一间带风车的打谷房，还有打铁炉。几百码之外有一条小河，上面建有引水用的堤坝，那里的水被引进一个小池塘，池塘里有一个很坚固的大型水磨。

这里到处都是动人的景象，透出来的也是英国式农庄的气息。5年前的这里，还是一片到处长着蕨类植物的荒芜之地。可是现在，这些新西兰人已经掌握了修建房屋、耕种田地的技术，甚至还学会了嫁接树木。这里的一切都让我时常想起英格兰的景色，而且黄昏来临的时候，那些种满谷物的田地和远处生长着树木的波浪状的地面，更使我有一种身在故乡的感觉。到了晚上，我来到了我住宿的地方，威廉斯先生的家里。这里住了很多儿童，他们都准备庆祝圣诞节。一群孩子围着桌子坐着，喝着茶，气氛非常欢快。

第二天吃过早饭，我漫步在果园和农田附近。今天是一个赶集的日子，周边乡村的人都携带马铃薯、玉米和猪来到这里，准备换一些毡子和烟叶。还没到中午的时候，威廉斯先生和达维士先生陪着我一起到附近的一个树林里散步，顺便让我见识一下著名的新西兰松。他们告诉我，树林里有一株周长33英尺的松树。可惜的是我没有见到这棵松树，我测量过一棵周长是31英尺的大松树。后来，我还听说有的松树周长居然有40英尺。这些松树之所以著名，都是因为它们有光滑的圆柱形的树干，将树干直立，高度至少在60英尺，有的甚至可以长到90英尺。整个树干从上到下的直径几乎没有什么变化，侧面也没有长出树枝。全岛最昂贵的产品就属新西兰松树的木料。除了这个，那些从松树皮里流出来的大量松脂，还会被岛上的人卖给美国人，价格是每磅1便士。

12月25日，今天是一年一度的圣诞节。再过几天，我就离开英格兰整整4年了。在船上的日子，目前我一共度过了5个圣诞节，当时所在的地方依次是：普利茅斯、合恩角附近的圣马丁湾、巴塔哥尼亚的希望港、特雷斯蒙蒂斯半岛的一个荒野港口、群岛湾。下一个圣诞节我会在哪里度过呢？祈祷老天让我们在英格兰度过。贝格尔舰在12月30日下午从群岛湾起航，开始前往澳大利亚。

米尔福德峡湾是新西兰最著名的旅游圣地

第二十三章
游览澳大利亚风光

> 傍晚，当我漫步在河塘岸边时，我看见几只闻名的鸭嘴兽。总的来说，我的运气还算不错。它们有时潜泳，有时在水面上玩耍，不过只有很少一部分身体露在海面上，常常被人误以为是一群水鼠。

1836年1月12日，一个有微风的早晨，贝格尔号抵达杰克逊港入口，呈现在我们眼前的，是一排淡黄色的悬崖，呈一字形排开，跟我们想象中的，到处是精美的建筑、绿色田园的景象完全不同。唯一能表明我们已经靠近大城市的，是一座用白石头建的灯塔，孤零零地矗在那儿。驶进海港，一层层美丽宽阔的沙石悬崖平铺在两岸。走在岸边的浅滩，周围全是精美的别墅和美丽的村屋。远方岸边的风车和两三层高的石头屋子，已经说明这里便是澳大利亚的首都了。最终，贝格尔号停靠在悉尼湾。悉尼湾周围全是仓库，许多大船都停靠在这里。

几天之后，我准备到巴瑟斯特旅行，于是花钱请了一个向导，租了2匹马。巴瑟斯特位于一个大牧羊区中心的村镇，离海岸大概有100多英里。这次旅行的目的，是想对新南威尔士地区的外貌有一个新的认识。1月16日的清早，我们从这里出发，第一站是达巴拉马他。来时的路全是黑硅石铺成，路途很顺利。晚上，我们在鸸鹋渡口旁的小客栈里休息，这里距离悉尼有35英里，在蓝山脚下附近。

新南威尔士大部分地区的植物都完全一致，这是所有景色中最吸引眼球的

澳大利亚国徽

蓝胶，常绿乔木，生长于热带、温带和寒带地区。蓝胶具有产量高、质量好、经济寿命长、采胶容易、胶乳再生快等优点，为世界上大规模种植产胶树种。

地方，几乎全部树木都属于同一种类。这里遍地都是林地，而且很开阔，在一些土地上，还有些稀少的牧草生长。因为树上的叶子不多，所以阴影也不多，林子里也格外明亮。对于在骄阳下行走的人来讲，头顶上没有树荫是多么难受的事情。但在农民看来，这是很重要的一点，因为这种自然条件最适宜牧草的生长。这里的树木落叶时间并不一致，这个现象在南半球是非常常见的，比如澳大利亚、南美洲和好望角都是这样的。照这种情况看，热带和南半球的居民，将会错过春天那种一片生机的壮丽景象。但是他们估计会说，要是想看到那种景色，必须付出很高的代价，那一点点光辉，一定要等地面上覆盖了几个月的枯枝衰草之后才能换来。这种说法也不是没有道理。但是我感觉，我们的等待和付出的代价，能换来春暖花开、青草碧绿的美丽景色是值得的。尽管生活在热带地区的居民可以永远饱览热带气候下的茂盛景色，却体会不到春天的生机感。树林里面只有蓝橡胶树长得比较粗大，其他树木只是又高又直，而且间距非常远。它们中有一种树叫桉树，这种树每年都会掉皮，掉下的树皮长长的像布条一样挂在树上，随风摇摆，树林因此看起来非常杂乱荒凉。

1月17日清早，我们坐船穿过尼比翁河。如果只看渡河的地方，河床显得很宽并且很深，其实河水非常少。渡过尼比翁河达到对面的低地，我们便来到蓝山山脉脚下。这条山路修在沙岩绝壁的边缘上，因此，去山上的路不是很陡。山顶上有一片像平原一样的空地，非常平坦，坡度由东向西徐徐上升。蓝山山脉的海拔很高，又被人们称之为"山脉"，因此我觉得这应该是一条横跨这一带的陡峭的山峰。但是事实正好相反，呈现在我们面前的是一块有轻微坡度的平原，慢慢延伸至海岸边的低地。由第一道斜坡向远处看，有一片森林向东伸展，树林里的树木高大挺拔。我顺着砂岩构成的台地往上走，道路两边只有常绿的桉科的矮小树木生长。前行的路上，我碰见很多运输羊毛的牛车，车上装着一包包羊毛，而旅馆很少，只有几间而已。

17日中午，我们停歇在一个叫"檐板"的旅馆，这个地方的海拔有2800英尺那么高。我们听说，有一个距离此地一英里半的风景区非常不错。所以，我们准备去看一看。我们先顺着一个河谷内的小河流往下走，然后穿过沿途的一个树林，突然，眼前出现一个很大的海湾。我们又向前走了不远，到达一个陡峭的悬崖边上。我探身向下看，看见一个森林分布很密的海湾。这是一个没有名字的海湾，我们就暂时称它为"海湾"吧。我脚下的这排悬崖绵延不绝，如果要到下面去，就必须要绕十几英里远。从这里走5英里，又一排悬崖延伸开来。这样看来，这个河谷就完全被悬崖给围绕起来了。所以，用"海湾"这个称呼再好不过了。夜晚，我们停歇在一个老兵开的黑石南旅馆。

1月18日，我们徒步去游览距离这里3英里远的高维特断岩。这儿的景色，跟檐板旅店周围的景色几乎一样，只是比旅店那边更壮观些，在这里看那片河谷，似乎更加深远了。许久以来，这些河谷都是无法跨越的障碍，尽管它们的顶部只有几英里那么宽，然而谷口却非常狭长窄小，甚至到了无法通行的地步。起初我看到河谷时，认为它们也是像其他河谷那样，受河水的冲刷作用而形成，因为河谷两边有对应的水平底层，还有圆形的洼地。但是这个地方有无数的石块，假如真的是受河水冲刷形成的话，那这些石块肯定会从夹缝中或者峡口被冲走，不会在这里。因此我觉得，或许这个洼地是因为地层塌陷形成的。然而，根据这些河谷的不规则形状，和山上的台地伸进河谷的状态，我不得不再次放弃这个设想，原因是，它违背了一般的地质运动原理。那么只有一个可能了，就是这些河谷是形成于海水的冲刷。不能否定，波浪也可以制造出这样的悬崖。我以前在南美洲也碰到过海浪冲刷出来的陡峭海岸，考虑到这种情况，这样的假

殖民时期的新南威尔士地区的土著人

鸸鹋，是鸟纲鸸鹋科唯一物种，以擅长奔跑而著名，是澳洲的特产，是世界上第二大的鸟类，仅次于非洲鸵鸟，因此也被称作澳洲鸵鸟，翅膀比非洲鸵鸟和美洲鸵鸟的更加退化，足三趾，是世界上最古老的鸟种之一。

想也不是不成立的。在新南威尔士这个地方，强烈的洋流和大海的波动，使地层呈现出不规则堆积的形状，出现像河谷一样的空间。当陆地抬升之后，边缘就受力于海水的冲刷作用，形成现在的峭壁。

从黑石南旅馆离开不久，我们顺着维多利亚山的山路继续往下走。不论是从修建方式上，还是从设计的角度看，这条山路都不比英格兰的任何一条道路差。为了修建这条山路，前前后后总共凿去很多石块。我们走过的地方的地质构成主要是花岗岩，因为地质的变化，这里的植物分布和山上的砂岩台地有很大的区别。树木的间距也更远，不过颜色却漂亮不少。树木中间的牧草也茂盛许多，颜色也更加嫩绿了。下山之后，我们下了大路，在饶了一大圈之后，我们来到一个大农场，名叫瓦尔拉旺。

这个农场是新南威尔士地区的一个很有代表性的农场（确切地说是大牧羊场）。这里有一条河谷，所以环境比较湿润，牧草也比较茂盛，瓦尔拉旺农场的牲畜比其他农场略微多一点。农场房子周围开辟了几片空地，种了一些谷类植物。第二天，农场的管理员阿彻尔先生热情地邀请我们一起去捕猎袋鼠。但是，我们的狩猎成果非常不好，骑着马跑了将近一天，一只袋鼠也没看到，就连一只野狗也没有看见。前些年，这里的野兽还很多，但是，现在甚至连鸸鹋都被驱逐到很远地方去了。

尽管狩猎的成果不好，但是骑马出行还是很享受的一件事情。这里的森林通常都比较广阔，可以策马奔腾。在几个平坦的河谷地带，不仅草地如茵，而且有很多树木生长，景色秀丽得像公园。树林里面的鸟类比较少，然而我还是看到了几群在吃谷物的白鹦鹉。这里有一种乌鸦很常见，样子很像英国的寒鸦。除此之外，还有一种鸟类，样子有点像喜鹊。傍晚，当我漫步在河塘岸边时，我看见几只闻名的鸭嘴兽。总的来说，我的运气还算不错。它们有时潜泳，有时在水面上玩耍，不过只有很少一部分身体露在海面上，常常被人误以为是一群水鼠。

1月20日，骑马出游一天之后，我们到达巴瑟斯特。这天，我们顺着一条从森林里穿过的小道走了很长时间，而且遭遇了一场澳大利亚的热风。这种热风来源于内地炎热的荒漠，我们看见周围卷起了一股股沙尘，之后便感觉到，这种风仿佛从火炉上吹来的一样。后来我们听说，那时室外温度高达48℃。巴瑟斯特镇靠近麦夸里河岸，在一个狭窄的平原中央，海拔高度大概有2000英尺。这里的高地上只稀稀拉拉地生长一些牧草，没有任何树木。麦夸里河也是流经大陆内部的河流，地图上显示，这是一条非常大的河流。不过，有一点让我很惊奇，那就是，我看到的麦夸里河，只不过是连在一起的很多池塘而已，几乎干燥的土地将它们分隔开来。通常情况下，麦夸里河只是一条小河流，但是偶尔也会变成波涛汹涌的洪水。1月22日，我们顺着一条名叫洛克叶的道路前行。这是一条新路线，一路有很多丘陵，景色秀丽。我们骑马行走了一天。第二天，我们顺原路回去，再次登上维多利亚山。在檐板旅店休息了一晚以后，我返回悉尼，新南威尔士之旅结束了。

鸭嘴兽，是最原始的哺乳动物之一，它是未完全进化的哺乳动物，种类极少，同属之中只有鸭嘴兽一种动物，也是最低等的哺乳动物之一。2500万年前就已出现，至今仍生活在澳大利亚。

新南威尔士州塔姆沃思市的大金色吉他建筑代表了城市的乡村音乐文化

贝格尔号从悉尼出发后，在2月5日穿越风暴湾。海湾两岸边沿的山脚地区都被开垦成了田地，眺望过去，能看见黄澄澄的麦田以及深绿色的马铃薯地。夜晚，我们停靠在了马斯塔尼亚岛的首府——霍巴特的一个很惬意的小港湾。霍巴特位于惠灵顿山下，跟悉尼那样的大都市相比，霍巴特只称得上是城镇。惠灵顿山上没什么景色，不过这里有甘甜的泉水，供霍巴特镇居民享用。这里的气候比新南威尔士还要潮湿，所以土地也比较肥沃。这里的农业十分发达，已经有许多土地被开垦出来，菜园和果园都硕果累累。这里的植物类别，跟澳大利亚大陆的植物差不多一样，不过这里的更绿，也比较惹人喜爱一些。以前我登过登惠灵顿山两次。第一次没有成功，因为树木太茂密；第二次总共用了5个半小时的时间，总算艰难地登到了山顶。惠灵顿山上有很多高大的桉树，还生长着庞大的蕨类植物。蕨类植物的复叶呈羽毛状，样子很像美丽的雨伞，大部分地面都在蕨类植物叶子的遮蔽之下。

我们在塔斯马尼亚停靠了10天之后，又航行至澳大利亚西南角的乔治王海港。这里是沙性土壤，因此土地很不肥沃。这里只有矮小的灌木生长，而且很稀疏。从远处眺望，灌木一片郁郁葱葱，让人误以为这里的土地很肥沃，但是，来到近处便会发现跟想象中的情景截然相反。在我们驻留期间，天气一直是阴沉沉的，因此让我感觉十分烦躁。还好在8天之后，贝格尔号出发离开了澳大利亚，向着我们的下一站——基林岛进发。

第二十四章
奇妙的基林岛

> 这些珊瑚虽然表面看似柔软，其实正在用生命的规律，同大洋波涛产生的巨大力量做斗争，不管是人类的技能，还是大自然无生命的物质，都不能跟这种力量抗衡。

基林群岛的另一个名字叫科科斯群岛，这里属于印度洋海域，到苏门答腊岛大约有600英里的距离。这个岛跟我以前见过的低群岛很像，都是由珊瑚构成的礁湖岛（或称环礁）。贝格尔舰于4月1日行驶到了这里。椰子是基林岛上的主要植物，就是它带来了这里的繁荣景象。磨制咖哩粉时用到的主要原料，就是从椰子中提炼的椰子油，大部分椰子油都被运往新加坡和毛里求斯岛。椰子也成了这个岛上居民饲养的猪、鸡和鸭等家禽的饲料。这个岛上还生存着一种体型巨大的陆生蟹，大自然赋予了它非常特殊的工具，让它可以以此剥开这种最有营养的椰子来吃。

礁湖岛有很多矗立在环形礁上的线性小岛。位于它的下风口处有一个缺口，来往的船只就是从这里进入到里面的停泊处。我们乘着船驶进这个缺口，面前呈现出一片奇特动人的优美景象。礁湖的水位很浅，清澈的水流速平缓，水底还平铺着一层白色的细沙。礁湖的水面在阳光直射下会显现出鲜明的绿色。它的宽度有好几英里，在汹涌的黑色海浪之间，一条雪白的碎浪带子将它们分开。礁湖里有很多蜿蜒曲折的活珊瑚，翠绿色的海水有了它们的渲染，颜色更加鲜明，

基林岛日出

椰子树

让人感觉更加愉快,就像有一朵朵白云在浅蓝色的天空中飘动的感觉。

贝格尔舰停泊之后,我到了方向岛,在那里登上岸。这块只有几百码宽的陆地,非常狭长而且干燥。挨着礁湖的那一面,是一片白色的石灰质海滩,如今这里天气炎热,那里正放射出的光和热,让人感觉非常难受。然而面向大海的那一面是海岸,上面的珊瑚岩坚硬无比,平整宽阔,大海上的风浪被其完全阻挡在外。这里的陆地,除了在靠近礁湖的地方有一些沙地,其余的地方,都是由珊瑚的圆角碎片构成的。这种疏松干燥的石质土壤,因为热带气候的原因,上面长出了繁茂的植物。有几个相对小一点的小岛,上面的许多大小不一的椰子树混合在一起,构成了一片片姿态优美的椰林,再衬上一条光芒四射的白色沙石滩,可以算得上是一个人间仙境了。

因为这个岛上严重缺乏自然产物,所以人们一直都觉得这里的树林里全部都是椰子树。事实上,这里面还长着五六种其他的树种。其中的一种树最适合造船,另外一种树虽有非常高大的树身,可木质却尤为松软,没有什么价值。这里除了这些树以外,别的种类的植物确实很少,几乎都是一些杂草。我所采集的标本,一共只有 20 个物种,不过这是在不算苔藓、地衣和真菌的情况下。我认为,这个地区完整的植物体系也就如此了。在我上面做的统计当中,不包含甘蔗、香蕉、果树,蔬菜和其他几种由外界引入的草本植物。这些珊瑚岛在还没有浮出水面的时候,曾经是一些暗礁,而岛上那些陆生植物肯定都是海浪把它们传播到这里的。

　　岛上的陆生植物这么少，而陆生动物跟它们一比较，数量就更少得可怜了。个别的小岛上，只生存了一些家鼠。而它们的存在，也是因为当时在这里沉没了一艘来自毛里求斯岛的船。这里还有一些整天栖息在干草堆里的沙雉和秧鸡，即便如此，它们也应该算作是涉水鸟目的动物。关于爬行类的动物，我也只见过一种小蜥蜴而已。而昆虫方面的物种，我也是用尽心思使出全力地搜集了一些。如果不算岛上那非常多的蜘蛛，昆虫物种一共有13个，其中包含一种甲虫。岛上唯一一种数量极多的昆虫是蚂蚁，它们生活在疏松干燥的珊瑚块下面，那里聚集了数以万计的小蚂蚁。

基林岛所产的鱼

秧鸡

　　来往的船只都会来到岛上的几口井里取水。潮水的规律决定了井中淡水的涨落。这种现象让人很难理解，曾经甚至有人联想到，这里的沙石能够过滤海水中的盐分。其实，印度岛上有很多这种随潮水涨落的井。这种紧密的沙土，或者多孔的珊瑚岩起到了海绵的作用，浸透了海水。降雨来临的时候，周围的海面上会有雨水沉积下来，而同样容积的盐水就在此时被置换出来。因为海潮的涨落影响了珊瑚块下部所含的盐水，所以靠近地面的淡水也因此受到了影响。如果这种珊瑚岩更加紧密一下，就能够避免发生这种混合的情况，井中也就一直保持是淡水了。

秧鸡的巢

　　4月6日，我跟着舰长费兹·罗伊到了礁湖顶端的一个岛上。这里的水道路线很复杂，从一块块长着精致的多枝珊瑚的水面中，弯弯曲曲地穿过。我看到海中有几只海龟，还有两只专门过来捕捉海龟的小船。

降灵节岛的环礁图

就像前面讲地那样，礁湖的水非常清澈，所以就算一只海龟很快的躲进了水底，从人们的视线中逃脱，可一旦人们把帆篷拉起来追过去，还是能快速地再次看见这只海龟。此时，早就在船头站着准备的人，就会立刻钻进水中，扑到海龟的背上，两只手紧紧地抓住海龟颈边的甲壳。当海龟驮着他游到精疲力尽的时候，再将它捉到船上。水面上的两只小船绕来绕去，船上的人纵身一跃跳进水里，奋勇捕捉。看着这种互相追逐争斗的场景，非常有意思。

我们到了礁湖的顶端后，越过了有一个又窄又长的小岛。此时正赶上迎风那一面海岸扑来的一排巨浪。我很清楚，这些礁湖岛外侧的海岸上，有非常壮观的景象，但不了解其中的原因是什么。大洋里的巨浪猛烈地冲击着珊瑚礁，就好似一个攻无不克、威力无穷的战士，可是珊瑚礁也不示弱，仍旧用恰当的办法来抵挡它，甚至克服它。广阔的海洋表面，吹过来的风永远都是同一个方向，温和而不停歇，可这些信风把巨大的海浪带到岸边，产生的拍岸浪（碎浪）的冲击力，差不多等同于一场大风暴所产生的力量。而且，这种风暴永远都在那里不停地咆哮着。如果你看到这种波浪，一定会相信，就算是由最坚硬的岩石构成的岛，甚至是由斑岩、花岗岩或者石英岩构成的岛屿，遇到这种力量都会被它毁灭掉。

可是，这些矮小的珊瑚小岛却顽强地存在于海洋当中。要讲到原因，是因为这些珊瑚岛自身具有一种可以对抗风暴的力量。这种力量来自珊瑚中的有机体。在那飞沫四溅的碎浪里，有机体能不间断地分离出碳酸钙的原子，接着将这些原子结合成一种对称的机构。就算风暴可以挨个击碎这些结构，可是这些数量还远远不及无数的有机体建筑师在那夜以继日、成年累月的工作成绩，相比之下，风暴所能破坏的一部分就真的是微乎其微了。因此，这些珊瑚虽然表面看似柔软，其实正在用生命的规律，同大洋波涛产生的巨大力量做斗争，不管是人类的技能，还是大自然无生命的物质，都不能跟这种力量抗衡。

我们离开礁湖岛回到船上的时候，已经是黄昏时分，在岛上停留的时间很长。这之后的一天，我们去游览西岛。跟其他的岛相比，这里的植物要茂盛得多。各个椰子树之间都保持着很远的距离，高大的椰子树下面还附着生长着一些小椰子树。大树用狭长而弯曲的叶子，把自己变成了遮阴乘凉最合适的地方。坐在这种树荫下，再喝上一口清凉的椰子汁，这种惬意的状态，只有曾经亲自到过这里的人才能体会到。岛上有一块由非常细腻的白沙构成的地方，看着酷似海湾。从远处观望那一片片闪闪发光的白沙，仿佛一道流水。这个地方非常平坦，也只有在海水涨潮时才能被淹没。

在前面我曾经讲到了，有一种专门靠吃椰子维持生命的蟹。凡是到了干燥的陆地上，这种蟹就开始变得很常见。它的体型很大，就像椰蟹，可能它们还同属于一个物种。这种蟹的一对前爪尖上长着强壮而笨拙的大螯，而后爪尖上

博拉岛的堡礁

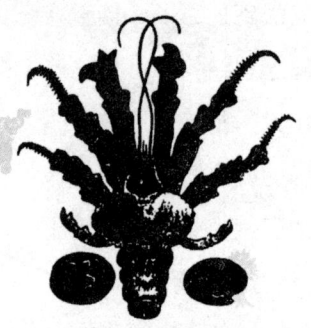

椰蟹，是一种寄居蟹，体型硕大，是现存最大型的陆生节肢动物。椰蟹生活于海边附近的热带树林中，繁殖季节回到海里，其幼体在海水中变态成长。椰蟹居住的地区，在整个印度洋和西太平洋的海域。

却长着较弱并且瘦小得多的螯。刚开始见到它，你可能想象不到一个紧紧地裹着棕皮的、坚硬的椰子怎么会被它轻而易举地就剥开。实际上，这种蟹不仅懂得如何一丝一丝地将椰子皮剥下去，还知道在剥的时候，要从带有三个眼孔的那一头开始。椰子的外皮被剥掉后，它就会用那对笨重的大螯，使劲地敲打椰子壳上的一个眼孔，直到眼孔变成了大洞才停止。然后，它就将身体转过去，利用自己的臀部和一对细长的小螯，从椰子里掏出那些富含蛋白质的白色物质。

　　这种蟹的本能是我从未见到过的一种奇特的能力。从物种方面来说，蟹和椰子根本就不搭边，可让人意外的是，这两种生物竟然神奇般地相互适应了对方的构造。这种蟹的生活习性，证明它是一种在白天活动的动物，可是，据说每天夜里它们还是会回到海里一次，方便湿润一下自己的腮。这是一种卵生的蟹。被孵出来的小蟹，还需要在岸上生长一个时期。它们喜欢到树根底下挖一个很深的洞，然后往洞中收集很多椰子皮的纤维，或者这些纤维被它当做自己的床。这一点有时就会被当地人利用，他们把蟹洞里的纤维拿出来制作绳索。这种蟹的肉味特别鲜美，而且从大螯后端的一大块脂肪里，还能熬制出大量的油脂。

　　莫尔斯比先生对我说，这种蟹的生活范围，只限在查戈斯群岛和塞舌尔群岛上，就连附近的马尔代夫群岛上也从来没有出现过。它们以前在毛里求斯繁殖了很多，可现在也只有几只小蟹罢了。据说，还有一种蟹和它很相似，主要生活在太平洋一带。曾经，莫尔斯比用一个坚固的铁皮饼干筒关住了一只这种蟹，再把筒盖用铅丝绑起来。最后，这种蟹竟然反卷了饼干筒的边缘逃脱了。那个饼干筒在被它反卷过来的时候，上面留下了很多被凿出了的小孔。这充分说明，这种蟹的那一对前螯有着惊人的力量！

最后，我把珊瑚礁的基本情况给介绍一下。珊瑚礁的类别一般被分成环礁、堡礁和裙礁。环礁上有很多连在一起的狭长的小岛。它们形成了一个圆圈。在礁湖以外，海浪的汹涌澎湃和礁湖里面的风平浪静，两者简直形成了鲜明的对比，要不是亲身在那样的环境里，不管谁都想象不到它的风貌。以前有的旅行家幻想着，有一种动物可以自己建筑珊瑚礁，为了避免遇到风浪，出于本能地把珊瑚礁建成了圆圈的形状。

堡礁和环礁无论是在大小、轮廓和结构上都没有任何区别。不同的只有一点，礁湖的中央是一个带小山峰的陆地，但堡礁却不是。而裙礁的宽度只有几码，形状比较特殊，仅仅是形成了一条细细的长带，或者是围着海岸的一条窄边。如果裙礁处在陆地倾斜缓和的地方，就会扩展得比较远一些，有时甚至会离开陆地足足 1 英里。裙礁本身的构成跟环礁和堡礁几乎没有什么差别。只是裙礁通常相对比较狭窄，所以在它上面形成的小岛很少。

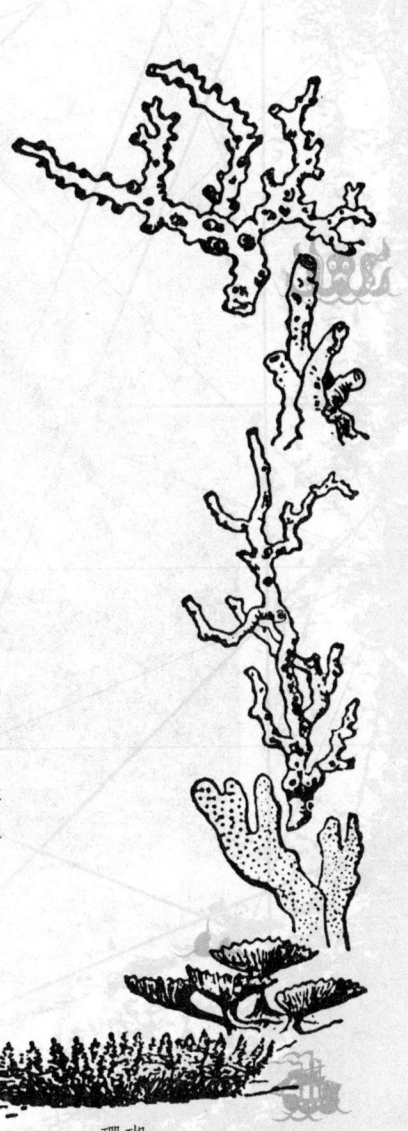

珊瑚

基林岛上的椰子树

第二十五章
踏上回乡的旅程

> 火山弹即是火山喷发时被喷到空中，冷却成球状或梨状的石块。假如将火山弹敲碎，你会看到它里面的中心部分是粗大的气泡形状，从里向外气泡越来越小。

1836年4月12日，我们告别了礁湖，开始向毛里求斯岛行驶。我对这次基林岛之行很满意，在这里，我看到了世界上最奇特的珊瑚地质构造景观。4月29日清晨，贝格尔舰停泊在毛里求斯岛的北端。以前只是听说这个岛的风景有多么美丽，今天终于亲眼见到了，果然是名符其实。这里的平原上零散地分布着一些房屋，它整体的颜色，被那些大块的甘蔗田地染成了艳丽的绿色。远远地望向那里，这种绿色显得更加鲜明。岛上的中部平原上，耸立了一群群遍布树木的高山。它们的山峰跟我们平时见到的古代山岩一样，都是崎岖不平的尖锐山峰。山峰的周围围绕着一朵朵白云，这样的风景似乎想让游客在欣赏的时候更加愉快一些。毛里求斯岛上的平原地带和中央的高山配合得恰到好处，组成了一幅看上去和谐动人的风景。

第二天，我差不多花了一整天的时间在城市里散步，还拜访了各种类型的人。毛里求斯是一个很大的城市，据说居民数量已经达到了2万。街道很干净齐整，市里还有一个很别致的小剧院，里面的歌剧演绎得很精彩。除了这些，街上还有几家大型书店，里面的书架上放着满满的书籍。我们对此很吃惊，毕竟在这里存在的音乐和书籍，证明我们已经离文明世界不远了。

接下来的那一天，我到了城市的北面，静静地走在海岸边。一片黑色的熔岩是这里平原的主要构成元素，平原上还长满了粗硬的草类和灌木。那尚未被开垦的平原的景色特点，处于加拉帕戈斯群岛和塔希提岛之间。这里的美丽不及塔希提岛，雄伟更不像巴西，准确点说，这个地方很可爱。

我在5月2日那天登上了拇指山。这座山的得名，来源于它就像拇指一样在地面上突出来。我站在山顶，鸟瞰全岛的美丽风景。位于岛的中部有一块巨大的中央台地，这块椭圆形台地的形成，主要是因为最近的熔岩流。它的四周环绕着一条古老的玄武岩山脉，山脉的岩层都倾斜到海边那一个方向。这种玄武岩山脉的构造，归属于"高海拔火山口"。岛上的田地被分割成一块一块的，还被耕种得很好。可是，居然有人胸有成竹地告诉我，这里的耕地面积还不足全部面积的一半。如果事实真的是这样，那毛里求斯目前的蔗糖出口量，就可以让我们完全想象出这个岛到底有多大的价值。仅在25年的时间里，这里糖的出口量猛增了75倍。

5月5日，我们接受了著名的勘探巴拿马地峡的总测量师——劳埃德大尉的邀请，游览位于城市南面几英里外的黑河。我们途径了几个很美的果园和茂盛的甘蔗田，这些甘蔗就长在大块的熔岩中间。道路的两边是栽种的绿色篱笆，还有一些栽种着芒果树的林荫道，就在房屋附近。这里如此美丽的风景，简直像画一样。我不禁感叹："我的一生要是能在这样的地方度过，那该有多么快乐啊！"这一路上，多半的时间都是劳埃德大尉饲养的一头大象在驮着我们走，让我们真正体验了一回印度风味的旅行。最让我感到惊奇的事情是，大象走起路来脚步十分轻稳，几乎不发出任何声响。

5月9日，我们离开了美丽的毛里求斯。贝格尔舰的出发地是路易斯港，目的地是好望角。7月8日那天，我们抵达了圣海伦娜岛。这个岛就像一个巨大的黑色城堡，赫然耸立在大洋内部，一向以森严的景象闻名遐迩。这里城市的走向，是顺着一条平坦狭窄的河谷向上延伸。房屋看上去十分优美，只是其中少了一些绿色树木的点缀。就在船靠岸停泊的时候，我们看见了一座形状不规则的很

险峻的城堡，就矗立在高耸的山顶上，四周还零星地围绕着几株冷杉。

到了第二天，我在圣海伦娜岛的山上找到了一个住宿的地方。那里靠近拿破仑墓，相隔的距离估计扔一块石头就能到了。我的这个住宿地点刚好处在岛的中心位置，不仅气候寒冷，还经常有暴风雨。从这里开始，我到任何一个地方去游览都很方便。因此，在我待在岛上的4天里，每天都是从早到晚地游历，对这个岛的地质历史进行考察。

这里海岸的周边地区都是些凹凸不平的熔岩。长期的风化让岛上中央较高位置的地方产生了一种黏土。黏土的范围很明显，因为在它表面没有生长任何植物，所以颜色区分很鲜明。现在这个季节里，这一带的雨水非常多，地面的湿润状态让其萌生了一片非常鲜亮的牧草。在海拔越高的地方，牧草的颜色越深。在岛上，我搜集到的植物一共有746种，其中本地植物只占了52种，剩余的种类都是外来的，而且大部分都来自英国。所以，这里的植物大都自身带有英国的特性，有很多甚至比在原产地生长得还要好。除了这些，还有一部分植物来自南半球的澳大利亚，它们对这里的生活环境也很适应。这些外来的物种，肯定把很多本地的物种都替换掉了。实际上，出现本地植物比较多的地方是在最高、最险峻的山脊上。

这里有很多荒无人烟的山谷，坐落在岛的上部和中部那些环形的绿色植物带下面。那里的景观依然保留着地质发生改变时和地层波动复杂时留下的痕迹，因此很吸引那些地质学家。我认为，在很久以前，圣海伦娜岛应该就已经存在了。岛上较高位置的泥土里，还埋藏了很多贝壳。一直以来，人们都把它们认作成海洋生物，可是现在都已经得到证实，它们都是些陆生贝类。岛上已经不存在这种贝类了，我判断，主要原因是这里的森林遭到破坏，贝壳们再也找不到食物，再也没有地方可以藏身，因此就灭绝了，这种现象发生的时间应该是上个世纪初的时候。

圣海伦娜岛的位置是大洋的中央，不靠近任何大陆，这就使它的植物体系变得非常特别。除了已经绝迹的8种贝类以外，现存的还有一种在其他地方见不到的琥珀。我预想这里不会有太多种类的鸟和昆虫，事实也正是如此。因为我相信，不久以前这里肯定有所有鸟类的输入，这儿数量最多的鸟类就是鹧鸪和雉。

我在游览全岛的 4 天时间当中，有很多次都经过一块草原，它的四面是深深的山谷。草原的正面是几块已经被开垦过的田地，田地的背后有一座被称作旗杆山的光滑的彩色岩石小山；还有一块名字叫谷仓岩的、方形的、凹凸不平的黑色大岩石。当时我正站在平原的边缘，它的下面就是一个深度有 1000 英尺的大悬崖，一只燕鸥正在离我几码远的地方与强风搏斗着，可我所站立的地方空气确实十分平静。我靠近悬崖以后，发现狂风是来自崖面的偏向上方。我把手臂伸出来，瞬间就感觉到了狂风的来势汹汹。让人吃惊的是，只是这宽度 2 码的无形屏障，就将平静的空气和狂风绝对地隔离开了。

7 月 14 日，从圣海伦娜岛开始，我们向着大西洋的北方继续前行。5 天后，贝格尔舰抵达了阿森松岛。通常来说，只要你以前经历过火山岛的干燥气候，你立刻就能在大体上把阿森松岛的外貌形容出来：这里的地面，主要是由凹凸不平的黑色熔岩构成的，上面有一个个鲜红色的圆锥形山丘，大部分山都是截顶的。这些较小的圆锥形山丘，看起来就像阿森松岛的中心那座主山的孩子。那座主山被称作绿山。之所以这样叫，是因为每年到了这个季节，山上那淡淡的绿色，只要站在船只停泊的地方就可以望到。

第二天早上，我迫不及待地登上了海拔 2800 英尺的绿山，从这里徒步横向穿过整个岛，就能到达它面向风向的一端。岛上有一条非常畅通的公路，把海边的居民点和岛中部山峰附近的住宅、果园和田地有效地联系了起来。公路的两边除了放置了里程碑，还准备了贮水器，这样就方便了过往的行人，一旦口渴的时候，可以在这里喝到一些洁净的水。很明显，这里的设施都是经过精心设计的，对泉水的管理尚且如此，更何况不能白白浪费一滴水。在我看来，完全可以把这个岛比喻成一艘停在洋面上的大船，上面的一切事物都是井然有序。

阿森松岛的海岸附近简直是不毛之地，走进岛的内部时，才能偶尔看见一些绿色的蓖麻树，还能碰上几只蚱蜢。在岛中央的上升部分，一些草类稀疏地分布在地面上，这种景象看上去类似英国的威尔士山地上最荒凉地区的景象。

尽管这里的牧草看起来很稀少，但是仍然能养活几匹马、许多山羊和很多头绵羊。这些牲口都依仗这些牧草生存，并且还长得比较肥壮。关于鼠类是否是岛上的原生动物还存在争议，尽管这里的老鼠的皮毛以及生活习性不同于普通的黑鼠，大小也比其小三分之一，不过和其他地方的相比，两者没有太大的差别。因此我断定，这种家鼠也是外来动物，它们和加拉帕戈斯群岛上的老鼠相同，也是受环境影响而进行了一些改变而已。比如，这里海岸上的变种情况跟山顶上就不太一样。

这个岛上没有土生的鸟类，只有一种珠鸡引自佛得角群岛。因为这里没有天敌，这种鸟类的数量已经很庞大了。阿森松岛上的普通家鸡也野化了。岛上的猫原本是用来抓家鼠的，但是目前由于生育过多，竟然成为一种灾害了。阿森松岛上没有一棵树木，这一点，以及其他方面，跟圣海伦娜岛相比真是天壤之别。

我去阿森松岛西南角进行了一次考察。看着这个岛如此荒凉，我感到恐惧。一些小圆丘遮盖着熔岩流冷却后的山，小圆丘中间被一层层火山灰烬、火山凝灰岩和浮石遮盖着。刚开始，当我们从阿森松岛的这一端的海上路过时，曾经看见一个个白色的斑点点饰在这里的整个平原上。那时我们真的想象不出这是什么东西。现在，当我们到达这里后，我才知道那些斑点原来是一只只无忧无虑的熟睡着的海鸟。一整天中，这些海鸟是我们看到的唯一生物。它们没有要防备的意思，所以任何一个人只要走过去就能伸手抓到一只。沿海一带的风纵然很小，不过海浪仍然从混乱的熔岩

火山弹，火山喷发时熔岩被抛到空中，在快速旋转飞行过程中经迅速冷却而形成的岩石团块。它的形态多种多样，大小差别很大，多含气孔构造，外壳往往为玻璃质。其成分以基性熔岩为主，酸性熔岩的火山弹较少。

上连续不断地扑来。

　　关于这个岛的地质环境，我在很多地方都见到了"火山弹"。火山弹即是火山喷发时被喷到空中，冷却成球状或梨状的石块。假如将火山弹敲碎，你会看到它里面的中心部分是粗大的气泡形状，从里向外气泡越来越小。火山弹的外面，有一层三分之一英寸厚的、由坚硬的石质构成的贝壳状外壳。这层外壳外面还包围着一层极细的气泡状的熔岩外壳。现在的形状是由于火山弹的外壳快速降温而形成，石质硬壳却是由里面的熔岩在旋转时产生的离心力的作用而形成。因为靠近中心附近的压力变小，里面炽热气体的气泡就慢慢扩大，之后便形成了那些大气泡。

火山弹

第二十六章
旅行总结

> 回想在海上的旅行，在陆地上的奔波。这些人迹罕至的地方所带给人的那种快乐，在文明地区是无法感受到的。任何一个旅行家在回忆起他第一次到人迹罕至的地方、或者从没有到过的外国地方时，都会产生那种强烈的感觉。

从阿森松岛出发后，我们向位于巴西海岸的巴伊亚进发，之后便完成了对全世界的考察工作。停泊在巴伊亚的期间，我再次进行了几次长途的徒步旅行。这里并没有什么新奇事物，但我发现，我并没有因此减小对热带景观的喜爱程度，所以我心里很高兴。你一定要知道，热带地区的自然界的生机相当繁盛，就算是在大都市的郊区也是这样。人工培养的植物，还没有山坡上的野生植物吸引人。巴伊亚地带是平坦的平原，全部的地面都被各个种类的大树覆盖着，中间是一块块被开发的田地，田地周围还有农家小院、寺庙跟教堂。这里的农舍，尤其是教堂，建筑风格别具一格且极具幻想，所有的屋子都是白色的。在烈日骄阳的照射下，再加上地平线边淡蓝的天空为背景，远眺过去，这些建筑仿佛是海市蜃楼，居然辨不清楚建筑的真实面目了。

考察完巴伊亚，我们继续前进。原本我们计划直接去佛得角群岛，不过因为受到强烈的逆风阻挡，贝格尔号不得不停靠在伯南布哥。伯南布哥创建在一个狭长的沙洲上，是巴西海岸的一个大都市，总共分为3段，由铺在木桩上的两座长桥连接着。这个时候还处在大雨季节，由于周围郊区比海面高不了多少，

因此都被海水吞噬了，以至于我的旅行计划也泡汤了。

一直到 8 月底，贝格尔号才能在佛得角群岛的普拉亚港靠岸。之后我们便驶向亚速尔群岛，在那里进行短暂的停歇休整。10 月 2 日，贝格尔舰逼近了英格兰海岸，我们在法尔茅斯靠港，完成了这次环球考察工作。我在贝格尔舰上一共生活了长达 5 年时间，至此，我的旅行已经圆满结束了。但是，我觉得应该对这次环球旅中的所看所感、利和弊再做一个简单的总结。

海燕，是形目海燕科约20种海鸟的统称。体长约 13-25cm，体暗灰或褐色。较大多数形目种类翅短，翅尖呈圆形，嘴长适中，除后趾外，均具蹼，后趾小而高位；尾长或中长，方形、叉形或楔形。

假如有人问我这次环球旅行的感受，我会告诉他：你要问一问自己，是否对某一方面的知识感兴趣？还要想一想，这次环球旅行是不是能让你的知识有所增长？旅行家可以看到各种不同的人种和风格不同的国家，的确非常有趣。不过假如仅仅是这样的话，那么这种欢乐，估计难以让你同时受到的苦难得以补偿。但是，如果某种水果在成熟后能给我们带来美好享受的话，那么不论需要多少时间，我们都要静下心来慢慢等待硕果。

亚速尔群岛风景

作一次长途旅行一定会失去很多。例如，离开亲朋好友，在他乡对故里深深的思念等。即便如此，这些失去还是能从回到期盼已久的家乡时的兴奋中得到一些安慰。有句诗这样说：人生如梦。我能断定，这句诗正是表达了旅客们在漫漫长夜里的思念之情。其余的失去尽管刚开始感受不到，但是一段时间以后，你便会深切地体会到。旅行途中狭窄的、不安静的房间；得不到足够的休息，席不暇暖；没有丰富的物资；没有儿孙绕膝的天伦之乐，乃至没有音乐以及其他的娱乐生活。综上所述，不难看出，海洋生活的乏味、苦闷，除了想不到的灾祸，还有这么多。在很短的60年时间，远航已经得到了惊人的改善。目前，驾驶着各种生活设备齐全的舰艇就能环游世界。除了舰船和航海必需品的很大改进以外，美洲西部海岸已开发完毕，澳大利亚也已经是新时代大陆中最好的地方。

假如一个人晕船非常厉害的话，那么他一定要非常注意这件事。以我的航海经验，晕船的毛病不可小觑，一旦晕船的情况发生了，就必须要休息一个星期才能缓过来。一次长途旅行中，在海上的时间要比在陆地上的时间长。所以，渺无边际的大海上没有什么可炫耀的。在阿拉伯人看来，海洋是最惹人讨厌的没用的东西，像沙漠一样。不可否认，海上也有吸引人的景色。在皓月当空的晚上，天空没有一块云彩，深蓝的海水波光粼粼，信风微抚着白色的帆，除了帆的拍打声，一片静寂。风暴来时，乌云高高隆起，或者碰见猛烈的飓风，或者遇到如山的波浪，当然也令人心情愉悦。但是，我首先声明，真实的暴风雨比想象中的让人更加恐惧。更加强大站在岸上眺望，这是一幅无法言喻的美丽景色：惊恐乱飞的鸟和狂摆的树木；浓厚的乌云；耀眼的闪电和瓢泼大雨，所有的这一切都表明，暴怒的自然力量在进行着殊死搏斗。小海燕和信天翁飞翔在海的上空，仿佛暴风雨就是它们舒适的家。但是，一个暴风雨过后的凄凉海滩，给人带来的恐惧感觉要远远大于愉悦。

下面，我们回想一下过去几年里旅行带来的欢乐。旅行中能够获得的最高享受，就是当我们游览各国的景物时所感受到的愉悦。欧洲的很多地方都风景如画，比我们见到过的很多事物都要漂亮不少。不过，假如你可以将各个国度的风景特点进行比较的话，你一定会乐在其中。这种乐趣跟赞叹它的美丽景色不一样，而是细细观察整个景观的每个小细节。我坚定地以为，例如在音乐领域，一个懂得音律的人，如果对音乐有一定的赏析能力，那么就可以更好地领会一首曲子的精髓。意思就是，一个人假如能观察到风景中的每一个小细节，那么就可以更加透彻地领悟景色的宏观效果和整体美感。因为在这样的风景里，植物一直都是一个不可缺少的装饰物。因此，旅行家跟植物学家是相互依赖的。

我说的欧洲许多地方的景色，比我们看到过的其他地方的景色要好得多的

1880年的毛里求斯路易港战神广场

时候，是没有将别具一格的热带景观算在内，因为，我们不可以将这两种风格不同的风景放在一起进行比较。有关热带地区景观的雄壮，我不止说过一次了。在我深刻地印在脑子里的各类景色中，没有被人类砍伐过的原始森林，比任何一种景色都要宏伟和壮观。不论是在"生命之神"掌管的巴西，还是在"死亡"和"毁灭"占上风的火地岛，都是这样。"大自然造物主"的各种产物，弥漫在这两个像庙宇一样的地方。身在其中，没有人会保持不动声色。你可以感受到，人生除了能自由呼吸之外，好像还有比呼吸更宝贵的东西。我每次回忆过去的种种情景时，巴塔哥尼亚的平原总会经常出现在脑海里，尽管这个地方在别人眼里是贫瘠无用的，但是我对它情有独钟。我们总是对这个平原予以否定的眼光，例如没有水，没有树，没有人居住。既然如此，为什么这个草原会深深地印在我的脑海里呢？我很难说清这种感觉，一方面的原因，估计是因为巴塔哥尼亚的平原能让我们的思维肆意飞驰。巴塔哥尼亚的平原一望无垠，路人想穿过这片平原是很难的，因此还有很多未知的东西在这个平原上。假如地球像古代人所想的那样是一片平坦的平原、干旱炎热的沙漠，以及广阔的大海围绕在四周。那么，任何人都会对人类所不了解的迷茫世界，产生沉重而且无法言喻的情感。

旅行途中，我看见很多奇怪的现象，比如：麦哲伦星云、南十字星座和南

贝格尔号

半球的其他星座；具有蓝色冰流像峭壁一样矗立在海面之上的冰川；水龙卷；活火山，以及由强烈的地震带来的严重后果；由礁珊瑚建成的礁湖岛。活火山这个现象，因为和地球的地质构造有联系，因此我非常有兴趣研究。在每个人眼中，地震必定是印象深刻的事情。原因是你很难相信，原本我们在小时候就认为是坚硬无比的地球，居然在我们的脚下猛烈地摇晃起来，并且当我们看到人类的劳动所得在一刹那化为乌有时，必定会觉得人类所炫耀的力量，是多么的微乎其微。

听说，喜爱狩猎是一种人类从原始情感遗留下来的本能。假如这种说话的确有依据，那么我也认为，将天比作屋顶，将地当成桌子的那种快乐的露天生活，也包含在这种情感之内。这是原始习惯和恢复粗暴的野蛮人的情感。我时常带着非常快乐的心情，回想在海上的旅行，在陆地上的奔波。这些人迹罕至的地方所带给人的那种快乐，在文明地区是无法感受到的。任何一个旅行家在回忆起他第一次到人迹罕至的地方、或者从没有到过的外国地方时，都会产生那种强烈的感觉，这一点，我深信不疑。

旅行期间，还有几种让我感到快乐的根源。世界地图由一张白纸变成了一幅姿态万千、一片生机的图画了。世界上的角角落落都表现出了它真正的大小：大家不会误以为岛屿是大陆，或者只把岛屿以为是小斑点了。因为，事实上部分岛屿比欧洲的那些国家大得多。原来，北美洲、非洲、南美洲也只不过是音调好听，说起来顺口的地名。但是，当你顺着各大洲海岸的一小片海域航行几周之后，你就会知道，在如此大的世界里，这些地名所包括的区域究竟有多么宽阔。

　　总的来说，我觉得，一个年轻的博物学家想要丰富自己的知识，那么环游世界比任何事情都重要。见到新鲜事物的好奇，以及成功的希望，完全可以激发一个人坚强的意志。另外，由于人们对部分互相没有联系的事物的兴趣会很快消失，所以，我们会因为喜欢比较的习惯，而去综合考究这类孤立的事物。还有就是，因为每一个旅行家在各个地方停留的时间不长，他们所记录的东西通常只能是一些简单的概括，并不是详细的考察。所以，我受过苦难以后才明白，人通常会有这样的心理，喜欢用一些不精准和不深入的假想，来填缺自己知识的空白部分。

　　但是，这次环球旅行确实让我感到非常高兴。即便是其他博物学家的运气没有我这么好，能碰上这么团结的伙伴，我也一定要给他们一些意见。假如你有去旅行的机会，但又无法像我那样做环球旅行的话，最好要把一切机会利用起来，进行一次陆地旅行。他可以相信，在大部分情况下，他碰到的困难和危险不会像他所预料的那么大。站在道德的角度看，旅行家善良的耐心可以通过旅行来养成，让他摒弃自私的性格，学会自立的好习惯，而且锻炼自己善于利用每一个机遇。旅行还可以让我们懂得，不可轻信于他人，然而同时他也会发觉，竟然有这么多淳朴敦厚的人们，不图回报地帮助他，尽管他们素不相识，今后也不会再碰到一起。